感谢国家社科基金项目"银行卡组织竞争
与反垄断政策研究"（12CJY001）资助

银行卡组织竞争
与反垄断政策研究

王文祥　著

中国财经出版传媒集团

经济科学出版社
Economic Science Press

图书在版编目（CIP）数据

银行卡组织竞争与反垄断政策研究/王文祥著 . —北京：
经济科学出版社，2019.11

ISBN 978 – 7 – 5218 – 1049 – 3

Ⅰ.①银…　Ⅱ.①王…　Ⅲ.①银行卡 – 市场竞争 – 研究
– 中国②银行卡 – 反垄断法 – 研究 – 中国　Ⅳ.①F832.24
②D922.294.4

中国版本图书馆 CIP 数据核字（2019）第 231436 号

责任编辑：周胜婷
责任校对：郑淑艳
责任印制：邱　天

银行卡组织竞争与反垄断政策研究

王文祥　著

经济科学出版社出版、发行　新华书店经销
社址：北京市海淀区阜成路甲 28 号　邮编：100142
总编部电话：010 – 88191217　发行部电话：010 – 88191522
网址：www. esp. com. cn
电子邮箱：esp@ esp. com. cn
天猫网店：经济科学出版社旗舰店
网址：http://jjkxcbs. tmall. com
固安华明印业有限公司印装
710 × 1000　16 开　13 印张　200000 字
2019 年 11 月第 1 版　2019 年 11 月第 1 次印刷
ISBN 978 – 7 – 5218 – 1049 – 3　定价：68.00 元

前　　言

当前我国银行卡产业已具有相当规模，本土银行卡组织中国银联起到了举足轻重的作用。在金融服务对外开放和中国银联境外拓展的大趋势下，我国已于2014年确立了银行卡清算市场开放的总体政策，随后相关政策文件和配套措施陆续出台。因此，境内人民币银行卡清算市场将逐渐由中国银联独家垄断向市场开放转型。不过，市场开放并不是朝夕之功，更不是达到产业健康发展目标的充分条件，有效竞争市场格局的形成必然需要相应的司法和政策保障。然而，作为平台型企业的银行卡组织与传统单边型企业的商业模式存在根本性差异，基于对传统单边型企业行为分析而形成的传统的反垄断理论与政策对银行卡组织市场行为的解释力和适用性存疑；并且，我国在银行卡组织的反垄断方面缺乏经验，国内学者也还没有在结合理论研究、国际经验和我国国情的基础上，从整体上为我国银行卡组织的反垄断政策给出具有针对性的建议。因此，为保护银行卡清算市场公平竞争、促进银行卡组织效率提升和银行卡产业健康发展，有必要密切跟踪国外双边市场理论与银行卡组织研究的重要文献和前沿动态，比较分析国外银行卡组织反垄断与规制监管实践的经验与教训，并结合我国银行卡产业衍生发展的历史背景和特征，从整体上为我国银行卡组织反垄断政策提供具有针对性的建议。

本书以反垄断理论、规制经济学和双边市场理论为主要理论基础，基于对银行卡组织经济特征和竞争结构的把握，从商业实践、理论研究和监管政策等方面对银行卡组织的定价、纵向限制和标准竞争等行为进行研究。在此基础上，借鉴典型国家和地区银行卡组织反垄断与规制监管的经验和教训，结合我国银行卡组织发展、扶持与监管的历史和现实，为我国银行卡组织反垄断政策的角色定位、违法确认原则的适用以及银行卡组织典型限制行为的监管给出政策建议。

本书的主要观点与政策建议如下：

第一，基于对传统单边型企业行为分析而形成的传统的反垄断理论与政策对双边平台型企业行为的解释力和适用性存疑，对银行卡组织市场行为的反垄断分析必须考虑该行为对市场双边（或多边）参与者的影响，才有可能更为准确地评价其对市场竞争的影响。

第二，不论是在国家间，还是在各主要国家和地区内部，银行卡组织的竞争结构均呈现高度的寡占特征，属于贝恩竞争结构分类法中的寡占Ⅰ型，也就是极高寡占型。除了中国银联在境内的垄断地位主要源自既往的产业扶持政策，其他国家和地区内银行卡组织的寡占结构大多是市场自发竞争的结果，从而可以大致推定银行卡清算业务在很高的业务量范围内具有成本弱增性。维萨和万事达是真正具有国际竞争优势的银行卡组织，中国银联的境外业务比例极小，尚不具备与维萨或万事达全面抗衡的国际竞争实力，不应对其竞争地位过于乐观。

第三，由于发卡侧和收单侧向客户的成本传递不对称，以及交易利益变动的不对称，私人最优的交换费与社会最优的交换费通常会发生偏离，两者完全达成一致更多的只是一种理论上的可能，但两者之间发生偏离的方向并不确定。因此，出于对私人设定的交换费过高的怀疑而实施的反垄断监管措施或上限规制，缺乏充足的理论依据。交换费及其集中定价机制具有明显的经济合理性，这一貌似竞争者之间横向固定价格的定价机制本身不应被认定为违反反垄断法而受到法律的调整。

第四，美国、澳大利亚和欧盟对交换费定价的监管各有特点。考察各自的背景、动机和效果可以发现，美国立法机构要求美联储对交换费实施的规制的名义受益主体和实际需求主体不一致，因此其名义动因并不可信；澳大利亚储备银行对交换费进行规制的基本依据并不充分，有关"商户将成本节约转移给消费者"的结论所依据的两个前提也不坚实，其规制动机反映出过度干预微观经济活动的倾向；欧盟委员会强化交换费监管实际上是服务于建立单一欧元支付区、推动欧盟经济一体化的战略需要。

第五，对纵向非价格限制的反垄断违法确认一般应该适用合理原则分析。并且，要认定一个纵向非价格限制对竞争产生负面影响，必须证明它对适当界定的相关市场的很大比重产生了影响。作为一种双边客户间有交易的平台，银行卡组织取得成功的关键是其能够在多大程度上降低双边客户的交易成本，增加双边客户间的正外部性，减少双边客户间的负外部性，以此提高平台对双边客户的价值，而一些纵向限制措施有助于平台达到这些目标。因此，对银行卡组织纵向限制的反垄断分析需要特别注意其双边平台性质对相关行为合理性的支撑。

第六，消费者多归属的能力往往会降低政策制定者对兼容问题的关注，但理论模型的分析表明，在多归属情形下更有可能出现银行卡组织之间兼容不足的问题，拥有市场优势的一方对推进网络兼容的积极性更低。结合实际来看，PBOC3.0标准的强制应用规定有助于确保我国在银行卡产业技术标准上的主动性和维护我国金融安全，也有利于在银行卡清算市场开放之初为自主品牌银行卡组织的进一步发展争取时间和空间。不过，若不能提高其与外资银行卡组织EMV标准的兼容程度，不仅不利于促进竞争和提高社会福利，而且也会极大地制约中国银联境外受理市场的建设。在坚持对我国PBOC3.0核心应用标准主导权的前提下，应逐步扩大其与外资银行卡组织EMV标准的兼容程度，真正实现银行卡的境内外"通用"。

第七，以保护市场公平竞争为主要宗旨的反垄断法也应被用以预防和制止银行卡组织的垄断行为，可逐渐建立起融合规制机构事前监管和反垄断法基础上的事后监管两种方式的混合监管模式。其中，除非相关行为是行业规制机构所明确要求或授权的，并且行业规制机构有效履行了其规制责任，否则反垄断执法机构拥有对银行卡组织涉嫌垄断行为案件的管辖权。此外，规制机构应考虑逐步减少原本多由银行卡组织向商户施加的纵向限制，淡化规制机构角色和企业角色的重叠成分，增强规制机构角色和功能的中立性和客观性。

第八，长期以来，我国监管机构对发卡行服务费（即交换费）的直接规制总体来说是必要的、合乎逻辑的，不过，在走向银行卡清算市场开放、营造银行卡清算市场有效竞争格局的趋势下，有必要逐步放松和减少对交换费的直接规制，而代之以必要的反垄断考察。

对于银行卡组织可能实施的各类排他性交易（包括但不限于排他性规则），不宜"一刀切"地予以禁止，应适用合理原则对在位者和进入者实施的排他性交易予以区分。额外收费的禁止性规定可予维持，对可能被应用的禁止引导规则应充分考虑涉案银行卡组织的市场地位、商业模式和行为目的等因素，适用合理原则进行反垄断分析。依市场势力和规则类型对受理所有卡规则实施差别监管。具体来说，不分发卡机构的受理所有卡规则可予维持，不分卡种的受理所有卡规则具有更强的反竞争性，特别是在其具有市场支配地位的情况下，因此可以适用"缩短的合理原则"进行反垄断审查。

目录

1

绪　　论

1.1　研究背景与意义

就像微处理芯片、个人电脑和蜂窝移动电话一样，以塑料为载体的银行卡（支付卡）是 20 世纪的重大商业创新之一，极大地改变了人们的生活和商业运行方式。根据中国人民银行发布的《中国支付体系发展报告（2016）》，我国截至 2016 年末，全国银行卡在用发卡数量 61.25 亿张，人均持有银行卡 4.47 张，银行卡跨行支付系统联网商户 2067.20 万户，联网 POS 机具 2453.50 万台，ATM 92.42 万台。银行卡在小额支付业务中发挥了主导性作用。2016 年，全国共发生银行卡交易①1154.74 亿笔，金额 741.81 万亿元，分别占全部非现金支付业务②的92.30% 和 20.12%③。银行卡刷卡消费是当前公众消费和商业服务领域

---

① 包括银行卡存现、取现、转账和消费四类业务。
② 非现金支付业务包含票据、银行卡及其他结算业务。其中，其他结算业务包含贷记转账、直接借记、托收承付及国内信用证业务。
③ 根据《中国支付体系发展报告（2016）》相关数据计算。

采用较多的一种非现金支付方式，是现代商贸流通的重要环节之一。2016 年，全国共发生银行卡消费业务 383.29 亿笔，金额 56.50 万亿元，银行卡卡均消费金额为 9593 元，银行卡笔均消费金额为 1474 元，银行卡渗透率①达到 48.47%。

　　回顾历史，银行卡作为新兴支付工具第一次被引入中国境内可以追溯到改革开放之初。1978 年，中国银行总行批准广东分行与香港东亚银行签订代理国外银行卡业务协议。1985 年，中国银行珠海分行发行了境内第一张银行卡——"中银卡"。此后，银行卡产业在国内监管机构和金融机构的摸索中徐徐前行，而银行卡产业加速起飞、进入快速扩张时期则是在我国首家自主品牌银行卡组织"中国银联"成立以后。2002 年，中国银联在行业监管机构的组织和推动下成立，此后加速推动实现银行卡的"联网通用"工作，并且联合各商业银行建立、完善各项规范标准的推广实施机制和工作流程，并在受理环境建设、银行卡跨行交易风险管理等多方面逐渐形成了制度化的合作机制，从而使中国银行卡产业进入了快速扩张时期，银行卡在公众消费、商业服务和小额支付中的地位与日俱增。以银行卡渗透率为例，在中国银联成立当年及以前，银行卡渗透率还不到 3%，而在中国银联成立后，银行卡渗透率快速上升（见图 1-1）。实际上，从世界范围内银行卡产业发展的经验来看，银行卡组织是银行卡产业加速发展所必需的基础性条件。以当今银行卡产业规模最大、发展水平最高的美国为例，其银行卡使用的普及和银行卡产业的加速发展正是得益于万事达（Mastercard）和维萨（Visa）② 这两家银行卡组织所发挥的银行卡跨行交易清算服务平台的功能。在包括发卡机构、收单机构、消费者、商户以及第三方专业化服务机构在内的整个银行卡产业生态链中，银行卡组织处于核心和枢纽地位。不仅如此，银行卡跨行交易清算系统在整个支付

---

　　① 银行卡渗透率，是指剔除房地产及批发类交易，银行卡消费金额占社会消费品零售总额的比例。

　　② 万事达和维萨前身分别为 1966 年成立的银行间卡协会（the Interbank Card Association）、1970 年成立的全国美国银行卡公司（National Bank Americard Inc.）。

体系中的地位和作用也非常显著。由《中国支付体系发展报告（2016）》知，2016 年，中国银联银行卡跨行交易清算系统处理的业务笔数占当年支付系统人民币业务总量的 43.28%。

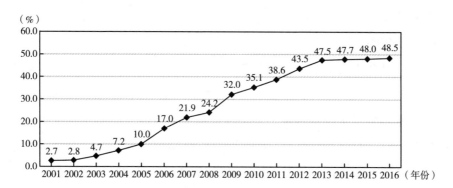

图 1 - 1 2001 ~ 2016 年中国境内银行卡渗透率变化情况

资料来源：2001 ~ 2004 年数据来自中国银联的官方发布，2005 年以后数据来自各年的《中国支付体系发展报告》。

在中国银联对中国银行卡产业的加速发展发挥基础性的、举足轻重的作用的同时，也发生了一些与中国银联有关的颇具争议的事件，如 2004 年多地商户集体"罢刷银行卡"、2005 年关于对银联卡跨行查询收取手续费的争议等。一些公众和学者开始注意到中国银联在境内人民币银行卡清算领域的垄断地位，并对此展开讨论和研究。其中，部分学者注意到涉及国外银行卡组织的监管实践，接触到 2002 年前后在国外逐渐发展起来的双边市场理论，并逐渐认识到银行卡组织是一种双边平台。双边平台型企业的商业模式与传统单边型企业的商业模式在诸多方面存在差异①。以定价为例，传统的单边型企业对买方收取的产品或服务价格通常高于成本，但很多双边平台型企业对平台一边的客户收取低于成本的价格。例如，通常门户网站提供的网页新闻等内容服务不向浏览者收

① 国内关于双边市场理论研究较早的文献包括骆品亮和何之渊（2005）、朱振中和吕廷杰（2005）、徐晋和张祥建（2006）、岳中刚（2006）、纪汉霖和管锡展（2006）、张嫚和于葳（2007）、董维刚和张昕竹（2007）等。

费，若以传统的反垄断理论考察，这应涉嫌实施掠夺性定价，但实际上这是门户网站这类双边平台①普遍采取的定价策略的一部分，并不是在滥用市场支配地位实施掠夺性定价。因此，传统的基于单边逻辑的反垄断理论并不能简单适用于双边平台型企业，自然也不能简单适用于作为双边平台的银行卡组织。

从反垄断历史来看，首起针对银行卡组织的反垄断案件是 1979 年 National Bancard Corp.（NaBanco）起诉维萨一案②。前者指控维萨成员银行通过集体决定交换费实施了非法固定价格的行为，因而对其造成了损害。按照以往的反垄断判例，竞争者之间达成的价格固定或限制协议通常为本身违法，但是在本案中，上诉法院 1986 年做出的最终裁决却认为交换费对于维萨这样的双边系统具有显著的效率利益，不应适用本身违法原则。以今日双边市场理论的视角来看，银行卡组织是银行卡交易网络的组织者和平台服务提供者，连接着位于平台两侧的发卡市场和收单市场，只有两边市场取得平衡发展，银行卡组织才能持续有效运行，而交换费正是平衡银行卡组织平台两侧市场需求的重要工具；尽管成员机构之间的竞争关系使得交换费的集中定价机制看起来颇似非法的固定价格协议，但银行卡组织将成员机构联合起来进行集中定价，有利于避免因数量众多的成员机构进行庞杂的协议签订和履行而导致的不确定性和巨大交易成本，具有反垄断法意义上的合理性。在世纪之交，一些国家和地区对银行卡组织的反垄断或规制活动开始活跃起来，关于交换费定价、禁止额外收费和排他性交易等的监管政策也引起了广泛讨论或者质疑，而随着双边市场理论研究的兴起，对银行卡组织的反垄断政策应基于其双边平台性质进行相应调整也逐渐成为共识。

从我国来看，自 2002 年中国银联成立以来，对银行卡组织的监管责任主要由中国人民银行承担，采取的是规制机构事前监管模式，《中

---

① 门户网站连接着客户，一边是广告商，一边是网上冲浪者。

② National Bancard Corporation v. Visa U. S. A. , Inc. , 596 F. Supp. 1231（S. D. Fla. 1984）, *aff'd*, 779 F. 2d 592（11th Cir. 1986）, *cert. denied*, 479 U. S. 923（1986）.

华人民共和国反垄断法》颁布实施以来也尚未发生一起针对银行卡组织的反垄断案件。但是，在金融服务对外开放和中国银联境外拓展的大趋势下，我国已于2014年确立了银行卡清算市场开放的总体政策，随后陆续出台了一些政策文件和配套措施。因此，境内人民币银行卡清算市场将逐渐由中国银联独家垄断向市场开放转型，银行卡组织相互竞争的局面必将出现。在这一时代趋势下，为保护银行卡清算市场公平竞争、促进银行卡组织效率提升和银行卡产业健康发展，以"……预防和制止垄断行为，保护市场公平竞争，提高经济运行效率，维护消费者利益和社会公共利益，促进社会主义市场经济健康发展……"① 为宗旨的《中华人民共和国反垄断法》在银行卡组织的监管中理应发挥其应有的作用，反垄断政策应在银行卡组织监管中担负起应有的责任。并且，由于作为平台型企业的银行卡组织与传统单边型企业的商业模式存在根本性差异，基于对传统单边型企业行为分析而形成的传统的反垄断理论与政策对银行卡组织市场行为的解释力和适用性存疑，针对银行卡组织的反垄断政策也应结合我国国情予以恰当的安排。

　　然而，由于我国在银行卡组织的反垄断方面缺乏经验，国内学者也还没有在结合理论研究、国际经验和我国国情的基础上，从整体上为我国银行卡组织的反垄断政策给出具有针对性的建议。因此，本书拟密切跟踪国内外双边市场理论与银行卡组织研究的重要文献和前沿动态，从商业实践、理论研究和监管政策等方面对银行卡组织的定价、纵向限制和标准竞争等行为进行研究；在此基础上，借鉴典型国家和地区银行卡组织反垄断与规制监管的经验和教训，结合我国银行卡组织发展、扶持与监管的历史和现实，为我国银行卡组织反垄断政策的角色定位、违法确认原则的适用以及银行卡组织典型限制行为的监管给出政策建议，以供决策部门和反垄断执法司法部门参考。

---

① 见《中华人民共和国反垄断法》总则第一条。

1.2 理论基础

1.2.1 反垄断理论

反垄断政策从其诞生以来，就"自然而然"地将产业组织理论作为其理论基础。博克（Bork，1978）甚至认为，"美国反垄断法就是一部由不断发展的各种产业组织理论所构成的法律"①。因此，反垄断政策的基本理念是随着产业组织理论的发展而演变的。本节首先梳理产业组织理论的发展脉络，然后讨论反垄断政策基本理念的演变。

1.2.1.1 产业组织理论的发展脉络

产业组织理论是二战后迅速发展起来的一个微观经济学分支，是研究不完全竞争条件下企业市场行为和经济绩效关系的命题。由于产业组织理论主要是研究特定产业的竞争与垄断问题，因此有学者认为其渊源可以追溯到亚当·斯密（Smith）在《国富论》中关于竞争与垄断的一些论述，他特别强调反对封建行会制度，崇尚自由竞争。但大多数学者仍然认同产业组织理论是起源于马歇尔（Marshall）在1890年出版的《经济学原理》，在该书中，马歇尔首次把"组织"作为生产的"第四要素"，并提出近似工业产业组织的"工业组织"概念。马歇尔的经济理论还触及了产业组织研究的这样一些基本问题：垄断问题；产品差别、生产条件差异及广告费用等导致市场竞争不完全的垄断因素问题；以及被后人称作"马歇尔冲突"的规模经济与竞争活力的矛盾问题。因此，马歇尔被大多数学者公认为产业组织理论的先驱。

1933年，几乎同时问世的张伯伦（Chamberlin）的《垄断竞争理论》

---

① 于立，吴绪亮. 产业组织与反垄断法［M］. 大连：东北财经大学出版社，2008：13.

和罗宾逊（Robinson）的《不完全竞争经济学》标志着垄断竞争和寡头垄断理论的形成，填补了完全竞争和完全垄断两极之间的空白。张伯伦提出的一些观点和概念更是成为现代产业组织理论的重要来源。

以梅森（Mason）和其学生贝恩（Bain）为代表的哈佛学派，对产业组织理论的研究作出的主要贡献在于建立了较为完整的产业组织理论体系，即以市场结构、市场行为和市场绩效为基本框架的理论体系，贝恩于 1959 年发表的著作《产业组织》，标志着哈佛学派的产业组织理论体系的最终形成。由于哈佛学派十分强调市场结构对市场行为和市场绩效的决定作用，因此，产业组织理论研究者也把哈佛学派称为"结构主义学派"。

自梅森、贝恩的产业组织理论诞生以后，产业组织理论向多元化方向发展。最有影响的是 20 世纪 60 年代崛起的，以芝加哥大学教授斯蒂格勒（Stigler）、德姆塞茨（Demsetz）、波斯纳（Posner）、麦吉（McGee）、布罗曾（Brozen）等为代表的芝加哥学派，他们对当时被奉为正统的结构主义理论进行了激烈批评。1968 年，斯蒂格勒也出版了《产业组织》一书，标志着该派理论的成熟。在书中，斯蒂格勒特别注重判断集中及定价的结果是否提高了效率，而不像结构主义学派那样只重视是否阻碍了竞争。由于芝加哥学派极为注重效率标准，故也被称为"效率学派"。

到了 20 世纪 70 年代，由于可竞争市场理论、交易费用理论和博弈论等新理论的引入，产业组织研究的理论基础、分析手段和研究重点等发生了实质性的突破，有人将这种变化了的产业组织理论称为"新产业组织理论"（NIO），以区别于传统的产业组织理论（TIO）。新产业组织理论的特点可归纳为三个主要方面：其一，从重视市场结构的研究转向重视市场行为的研究，即由"结构主义"转向"行为主义"。其二，突破了传统产业组织理论单向的、静态的研究框架，建立了双向的、动态的研究框架。其三，博弈论的引入大大丰富了对市场行为的分析，定量分析在理论研究中占有重要地位。

1.2.1.2 反垄断政策的两种理念："结构主义"与"行为主义"

20 世纪 30 ~ 60 年代，哈佛学派的"结构主义"思想成为美国反垄断政策的基本理念。哈佛学派认为，垄断性市场结构必然会导致垄断性市场行为，从而导致不良的市场绩效。因此，为矫正市场失灵，促进有效竞争①，获得良好的市场绩效，政府必须干预市场结构。具体地说，在反垄断政策实践中，政策的重点是反垄断结构政策，强调控制企业兼并、禁止卡特尔组织、分拆占市场统治地位的企业等。哈佛学派的结构主义思想对美国反垄断政策的影响集中体现在美国司法部 1968 年颁布的《横向合并指南》（*Horizontal Merger Guidelines*）中。该指导原则上完全采纳了哈佛学派的结构主义思想，重点关注市场结构的变化。在 50 ~ 60 年代的并购审查中，美国反垄断主管机构依据"集中趋势"和"集中度"等指标，成功阻止了一些大企业之间的并购。

芝加哥学派的"行为主义"（亦称"效率主义"）思想在 20 世纪 70 ~ 80 年代超越结构主义成为美国反垄断政策的主流理念。芝加哥学派以新古典经济学的价格理论为基础，通过微观经济学的模型分析指出，市场机制远比人们想象的要强有力得多。他们认为，现实经济生活中并不存在哈佛学派所认为的那种垄断问题。生产日益集中在大企业手中，有利于提高规模经济效益和生产效率，大公司的高利润完全可能是经营活动效率的结果，而与垄断势力的大小无关，因为不是建立在高效率经营基础上的高利润招致其他企业的大量进入而使利润率下降到平均水平。因此，芝加哥学派反对哈佛学派所主张的对长期存在的高度集中的大企业采取分割政策和实行严格的兼并限制的方法，主张反垄断政策的重点应是对企业的市场行为进行干预。芝加哥学派对美国反垄断政策的革命性贡献是确立了效率是

---

① 有效竞争的概念由克拉克（J. W. Clark）在 1940 年首次提出，后来得到梅森（Edward Mason）、索斯尼克（S. H. Sosnick）等人的发展和深化。尽管学术界对有效竞争所作的具体定义有所区别，但都有一个共同点，即有效竞争是能将规模经济与竞争活力这对"马歇尔冲突"协调起来、实现最优经济效率的竞争格局。

反垄断政策的唯一目标，合理原则①成为反垄断执法的主要原则。该政策主张对美国反垄断政策产生了重要影响。例如，美国司法部在 1982 年颁布的新《横向兼并指南》，放宽了对垄断的衡量标准。美国的立法、司法机构对兼并活动采取了 20 世纪以来最为放任的立场，如在 1982～1986 年间，美国联邦贸易委员会和最高法院只对上报的 7700 多个兼并事件中的 56 个采取了阻止行为。

　　与以上两种反垄断政策基本理念相对应，反垄断政策可以分为反垄断结构政策和反垄断行为政策。反垄断结构政策强调通过控制产业集中度，以调整有可能限制和排斥市场竞争的垄断结构的政策；反垄断行为政策则强调对具有市场支配地位的企业滥用其垄断力量，以限制和排斥市场竞争的垄断行为实行控制的政策。在反垄断政策实践中，往往将上述两种政策结合起来，只是在不同时期、不同国家和不同经济发展阶段具有不同的侧重点。由于垄断对减少交易成本、促进创新和实现规模经济的积极作用以及动态竞争机制中潜在竞争对手对在位企业的压力，目前制定反垄断法的国家大多在结构主义和行为主义之间寻求平衡，充分发挥二者的优势，实现适度的市场结构与竞争行为的有机结合。但总体而言，由于反垄断结构政策可能会制约大型企业实现规模经济效益，在经济全球化背景下，还会影响企业的国际竞争力。同时，较高的市场份额可能是企业竞争的结果，也是企业竞争力的表现，不能因为企业有较高的市场份额就要受到制裁。鉴于反垄断结构政策存在这些明显的缺陷，理论界和反垄断部门更强调反垄断行为政策。这使许多国家的反垄断政策重心从反垄断结构政策向反垄

---

　　①　反垄断违法确认的两个不同原则是本身违法原则（per se rule）和合理原则（rule of reason）。本身违法原则是指对某些市场行为，因其本身具有非常明显的限制或禁止竞争的性质，法律对此明文规定予以禁止，只要发生特定的行为并被提起指控，则无须额外的调查来分析相关事实，均被宣布违法。合理原则是指限制竞争的行为并不当然被视为违法，是否违法需根据案件本身进行具体分析，标准是行为的合理性，而是否合理则又要看是否实质性地限制竞争或趋于垄断，或者此种行为只是减少了并不必要的竞争，如果从市场整体出发有益并促进了竞争，特别是对社会整体利益有益，则不应当视为违法。"新泽西标准石油公司诉联邦案"（Standard Oil Co. of New Jersey v. United States，221 U. S. 1，1911）是第一个应用合理原则的案件。

断行为政策转变①。如我国《反垄断法》第一条就阐明，"为了预防和制止垄断行为，保护市场公平竞争，提高经济运行效率，维护消费者利益和社会公共利益，促进社会主义市场经济健康发展，制定本法"。

1.2.2　规制经济理论

政府规制（regulation）是指政府根据一定的法规对于市场活动所做的限制或制约，如政府为控制企业的价格、销售和生产决策而采取的各种行动构成了政府对价格、市场进入等的规制②。根据政府规制的特点，一般将政府规制大致划分为经济性规制和社会性规制两大类型。维斯库斯等（Viscusi et al.，1995）认为，经济性规制通常指政府通过价格、产量、进入与退出等方面对企业决策所实施的各种强制性制约。植草益（1992）则认为，经济性规制是指在自然垄断和存在信息偏在的领域，主要为了防止发生资源配置低效率和确保利用者的公平利用，政府机关用法律权限，通过许可和认可等手段，对企业的进入和退出、价格、服务的数量和质量、投资、财务会计等有关行为加以规制。经济性规制的领域主要包括自然垄断领域和存在信息不对称（信息偏在）的领域③。鉴于本书研究对象的经济特征，这里仅讨论自然垄断领域的经济性规制。

早期的自然垄断理论用平均成本的持续下降（即规模经济，economies of scale）来定义自然垄断。这种观点后来得到修正和发展，目前为经济学界普遍接受的看法是：自然垄断最显著的特征是成本函数的弱增性（subadditivity）④。所谓成本函数的弱增性是指，在某产业中由单一企业生产所有各种产品的成本，小于由若干个企业分别生产这些产品的成本之和。假设在

---

① 王俊豪. 产业经济学 [M]. 北京：高等教育出版社，2008：287 - 288.

② 杨公朴，干春晖. 产业经济学 [M]. 上海：复旦大学出版社，2005：272.

③ 王俊豪. 政府管制经济学导论 [M]. 北京：商务印书馆，2001：32.

④ Sharkey W W. The Theory of Natural Monopoly [M]. New York：Cambridge University Press，1982：4 - 5；Baumol W J. On the Proper Cost Tests for Natural Monopoly in a Multiproduct Industry [J]. The American Economic Review，1977，67（5）：809 - 822.

某个产业中有 m 个企业，n 种产品，$C(Q)$ 为成本函数，其中任何一个企业可以生产任意种产品，每个企业的产出向量分别是 Q_i，$i = 1, 2, \cdots, m$，且满足 $Q_1 + Q_2 + \cdots + Q_m = Q$，如果 $C(Q) < C(Q_1) + C(Q_2) + \cdots + C(Q_m)$ 成立，则称该产业的成本函数是弱增的，该产业则为自然垄断产业[①]。

单一产品的自然垄断可用图 1 – 2 说明。其中，AC_1 是单个企业的平均成本曲线，AC_2 是两个企业的平均成本曲线，假定两个企业具有相同的生产效率，则 AC_2 是两条 AC_1 的水平加总。当全产业产量小于 Q' 时，也就是在规模经济阶段，由一家企业生产能使成本最小化，在这一产出范围内，成本函数自然是弱增的。当全产业产量大于 Q' 且小于 Q^* 时，虽然存在规模不经济，但由单个企业生产仍然最低，所以，在这个产出范围内，成本函数仍然是弱增的。当全产业产量大于 Q^* 时，单个企业生产全部产量的成本高于由两个效率相同的企业分别生产全产业产量一半时的成本，因此，在大于 Q^* 的产出范围，成本函数不再是弱增的。可以看出，规模经济是单一产品自然垄断的充分条件，但不是自然垄断的必要条件，决定自然垄断的是成本弱增性。

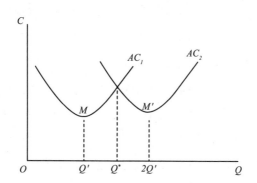

图 1 – 2　单一产品的成本弱增与自然垄断

资料来源：王俊豪. 政府管制经济学导论 [M]. 北京：商务印书馆，2001：77。

而多产品的自然垄断更不是简单取决于各个产品的规模经济，而主要

---

① 杨公朴，干春晖. 产业经济学 [M]. 上海：复旦大学出版社，2005：281.

取决于各种产品成本的相互影响，即范围经济（economies of scope）。假设 $TC(Q_X, Q_Y)$ 表示一个企业同时生产 Q_X 个单位的产品 X 和 Q_Y 个单位的产品 Y 的总成本，$C(Q_X)$ 表示一个企业仅生产 Q_X 个单位的产品 X 的成本，$C(Q_Y)$ 表示一个企业仅生产 Q_Y 个单位的产品 Y 的成本。则范围经济可以表示为：$TC(Q_X, Q_Y) < C(Q_X) + C(Q_Y)$。此时，生产两种产品的企业在单个产品的生产上，可能具有规模经济，也可能具有规模不经济。因此，规模经济既不是多产品自然垄断的充分条件，也不是多产品自然垄断的必要条件。决定自然垄断的是成本弱增性，而多产品生产的成本弱增性决定于联合生产的经济性，一般用范围经济性来表示。

关于成本弱增性的讨论表明，当产业处于成本弱增的产出范围内时，该产业具有自然垄断性，为了实现较高的生产效率，应该由一家企业实行垄断经营；当产出超过成本弱增的范围后，才可以允许新企业进入。但在成本弱增的整个产出范围内，并非全部需要准入规制。根据多位经济学家提出并得到发展的"可维持性理论"（theory of sustainability）（Baumol et al.，1977，1982；Panzar & Willig，1977；Baumol & Willig，1981），在平均成本上升，但仍属于成本弱增的范围内时，如果对垄断者实行边际成本定价，既可以保证企业不亏损（实际上此时利润大于零），又实现了资源的有效配置，但潜在进入者只要以稍低于垄断者的定价但高于最低平均成本点的某一价格出售，就可能夺走垄断者的大部分市场份额，这将会造成自然垄断企业的不可维持性，因而需要政府对市场进入加以规制。而在平均成本下降的产出范围，只要垄断企业定价不高于平均成本，潜在进入者就不可能在保证盈利的前提下进入市场。因此，理性的潜在进入者就不会产生进入市场抢夺垄断企业市场份额的刺激，自然垄断的可维持性得以自动保证，无须政府的准入规制。

1.2.3 双边市场理论

从历史悠久的报纸杂志到近十年来兴起的网购平台，双边市场已是经济生活中的常见现象。以报纸为例，报社的经营主要面对两类客户，即读者和广告投放者，读者与报社之间围绕报纸内容构成买卖关系，广告投放者和报社之间围绕广告版面也构成买卖关系，可见，报社需要同时面对和维护两个形式上相互独立的市场；然而，不难理解的是，购买报纸的读者越多，发行量越大，越能吸引更多的广告投放，但太多的广告投放可能挤占内容版面，降低读者对报纸的兴趣，进而不利于吸引广告投放。因此，报社需要小心地平衡读者一边和广告投放者一边的需求，使报社的运营走上良性循环的轨道。

尽管双边市场的发展并不是新鲜事物，但双边市场理论研究的兴起却始于 2000 年左右，主要是由一系列针对国际银行卡组织的反垄断案例所引发。关于什么样的市场是"双边市场"，经济学界虽不无争议，但也形成了一些基本共识，其中，罗歇和梯若尔（Rochet & Tirole，2004b）的定义获得广泛认可，即：当平台向市场两边客户收取的价格总水平 $\alpha = \alpha^B + \alpha^S$（$\alpha^B$、$\alpha^S$ 分别为平台向市场两边客户收取的价格）不变时，如果 α^B 的变化会影响平台实现的交易量，这样的市场就是双边市场[①]。在双边市场上同时向两边客户提供交易平台服务的企业就是双边平台（two-sided platform）。

按照埃文斯和斯默兰（2006）的研究，双边平台的出现通常有三个必要条件[②]：一是市场上有两组或多组独立的客户群体；二是把这些独立客户群体的成员联系或协调在一起可以获得一定的利益；三是借助一个中间平台来协调独立客户群体的需求可以使每个群体都能从中受益。当然，具备这三个必要条件的市场并不意味着平台就一定会存在，更不意味着该平台是客户获得服务的唯一途径。比如，消费者在零售商店的购买交易，既可以使用一张带有"银联"标识的银行卡支付，也可以直接用现金支付，

---

① Rochet J-C & Tirole J. Two-sided market：an overview［D］. IDEI Working Paper，2004b.

② 埃文斯，斯默兰. 银行卡时代：消费支付的数字化革命［M］. 北京：中国金融出版社，2006：147.

而前者的出现在我国至今不过只有十多年的历史。

双边平台获得成功的关键在于如何制定对双边客户群体收取的价格（charge），以促使双边客户接入平台中来并完成尽可能多的交易。这个问题可以分为两个方面：一是在平台进入市场初期，如何吸引双边客户共同加入平台上来，解决所谓的"鸡生蛋还是蛋生鸡"难题[1]；二是成熟的双边平台仍然需要设计和维持最优的价格结构。

在实践中，为了将双边客户吸引到平台上来，主要有两种方式：一种方式是向市场的一边免费提供服务（甚至向他们付费），以吸引足够多的客户，这种策略在企业刚进入双边市场的初期特别有效；另一种方式是对市场某一边进行投资，以降低这一边客户的成本。通过对市场一边制定较低价格或者采用成本转移的方式，能够有效地鼓励受益群体的参与热情，从而帮助双边平台解决"鸡生蛋还是蛋生鸡"难题，接下来再利用交叉网络外部性吸引未受益的群体参与。为双边市场一边提供利益的另一个作用是可以促使这一边客户减少使用其他的竞争平台。

成熟的双边平台仍然需要设计和维持一个最优的价格结构。在大部分双边市场中，双边平台常常对一边采取严重倾斜的定价策略，表1-1归纳了一些双边市场的价格结构。经济学家的研究表明，双边市场的最优定价相当复杂，具体来说[2]：

（1）最优价格以一种复杂的方式依赖于双边的需求价格弹性、双边间接网络效应的性质和强度以及改变每一边产出所导致的边际成本。

（2）利润最大化的非掠夺性定价可以低于某一边供给的边际成本，甚至小于零。

（3）某一边的边际成本增加并不必然导致该边的价格相对于另一边的价格将提高。

---

① Caillaud B & Bruno Jullien B. Chicken & Egg：Competition among Intermediation Service Providers［J］. RAND Journal of Economics，2003，34（2）：309 – 328.

② Evans D S & Schmalensee R. The Industrial Organization of Markets with Two-Sided Platforms［J］. Competition Policy International，2007，3（1）：151 – 179.

表 1 - 1　　　　　　　　　　　　双边平台的收入来源

产业	双边平台	市场一边	市场另一边	"收费较少"的一边
房地产	住宅房产代理	购买者	出售者	购买者
房地产	公寓出租中介	房客	房东/房主	一般是房客
媒体	报纸杂志	读者	广告商	读者
媒体	电视台	观众	广告商	观众
媒体	门户网站	网上冲浪者	广告商	网上冲浪者
金融	用户终端	交易商/分析师	内容提供商	内容提供商
软件	操作系统	最终用户	应用软件开发商	应用软件开发商
支付卡	信用卡系统	持卡人	商户	持卡人

资料来源：根据埃文斯（Evans，2003）略做整理。

　　除了定价策略，一些经济学家还对双边平台采取的开放（openness）、创新、广告以及质量投资等策略进行了研究[①]。双边市场与单边市场在性质上的巨大区别，导致对双边平台和其他参与者市场行为的反垄断监管面对诸多挑战，几乎影响了所有与反垄断分析有关的问题，如市场定义和市场势力、协调行为、掠夺性和超额定价、搭配销售以及排他性交易等[②]。顺便指出的是，银行卡产业在金融领域和经济生活中的重要角色及其典型的双边市场特征，使其成为经济学家研究双边市场问题时的重要领域，很多研究成果都是在对银行卡产业（尤其是银行卡组织）的研究中取得的。

1.3　研究框架、内容与方法

1.3.1　研究框架与内容

　　本书以反垄断理论、规制经济学和双边市场理论为主要理论基础，

---

　　①　雷斯曼（Rysman，2009）对此提供了一个概要的分析。

　　②　Evans D S & Schmalensee R. The Industrial Organization of Markets with Two-Sided Platforms [J]. Competition Policy International，2007，3（1）：151 - 179.

基于对银行卡组织经济特征和竞争结构的把握，从商业实践、理论研究和监管政策等方面对银行卡组织的定价、纵向限制和标准竞争等行为进行研究；在此基础上，借鉴典型国家和地区银行卡组织反垄断与规制监管的经验和教训，结合我国银行卡组织发展、扶持与监管的历史和现实，为我国银行卡组织反垄断政策的角色定位、违法确认原则的适用以及银行卡组织典型限制行为的监管给出政策建议。研究框架见图1－3。

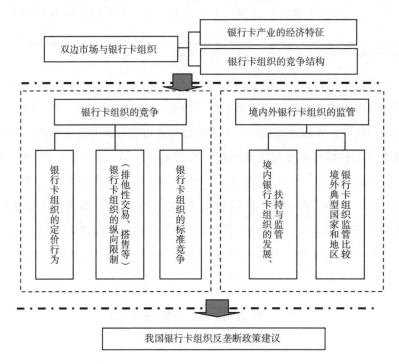

图1－3　本书的研究框架

本书的主要研究内容如下：

（1）国内外银行卡组织的市场结构。这部分研究了主要国家和区域内部以及全球银行卡组织的市场结构，从宏观上把握全球银行卡组织的竞争格局，为分析银行卡组织的竞争奠定基础。

（2）典型国家和地区对银行卡组织的反垄断与规制监管。对美国、澳大利亚、欧盟等国家和地区银行卡组织的反垄断与规制监管及其效果进行比较研究，以期从中总结经验和教训，为提出我国银行卡组织反垄断政策建议提供借鉴。

（3）银行卡组织的竞争方式。研究双边市场条件下银行卡组织交换费定价、排他性交易和搭配销售等纵向限制行为的商业实践和相关理论，以及 EMV 迁移背景下银行卡组织标准竞争和兼容性选择的福利效果，为提出我国银行卡组织反垄断政策建议提供理论依据。

（4）我国银行卡组织发展的反垄断政策建议。这主要包括对我国银行卡组织反垄断政策的角色定位、违法确认原则的适用以及典型限制行为的政策建议。

1.3.2　研究方法

本书运用的主要研究方法：

（1）比较分析和历史分析方法。由于经济政策通常受到特定经济体的政治、法律和历史等因素的影响，或者说，必然反映以上这些因素的需要，而作为微观经济政策重要组成部分的反垄断政策自然也不会例外。因此，本书不仅运用比较分析方法研究各主要国家和地区对银行卡组织的反垄断与规制监管实践，而且运用历史分析方法对相关政策的政治、法律或者地缘因素进行挖掘，以理解相关监管的背景和动机，这有利于我们结合国情对我国银行卡组织的反垄断政策提出恰当的建议。

（2）实证分析与规范分析方法。我们对银行卡组织的竞争结构、定价与纵向限制的商业实践、监管实践等进行实证分析；在此基础上，结合理论模型和逻辑推导的结论，对我国银行卡组织反垄断政策的角色定位、违法确认原则的适用和典型限制行为的监管等提出政策建议。

（3）数理模型分析方法。数理模型分析方法是规范的经济学研究方法之一，我们运用数理模型对银行卡组织的定价、标准竞争等行为的经济学含义进行分析，使相关研究更加具有规范性和严谨性。

（4）案例分析方法。反垄断政策是由反垄断法律和具体的反垄断案件构成的。利用对具体反垄断案例的分析，可以比较直观地触及银行卡组织反垄断政策的一些核心议题，发现银行卡组织的双边平台特征对反垄断政策提出的挑战，以及业已达成的有关共识。

银行卡组织的经济特征与竞争结构

银行卡组织在欧美受到的频繁的反垄断调查和规制行动，引发经济学、实务界和监管机构对其经济特征的关注和研究。本章将首先介绍与银行卡组织相关的一些核心专业术语，然后着重分析银行卡组织的两种类型及其基本经济特征。为将本书的分析置于真切的行业背景之下，本章还将具体分析银行卡组织在全球各主要国家和地区的竞争结构。

2.1 银行卡组织的经济特征

2.1.1 核心专业术语

银行卡的概念有广义和狭义之分。从广义角度看，银行卡是指由商业银行、非银行金融机构或专业发卡公司（以上三类统称为发卡机构）向社会发行的具有现金存取、消费结算、信用透支、转账支付等全部或部分功能的支付工具。而从狭义角度看，银行卡仅指商业银行所发行的银行卡。根据由中国人民银行颁布、1999 年 3 月 1 日起施行的《银行卡业务管理办法》的规定，银行卡是指由商业银行（含邮政金融机构）向社会发行的具有消费信用、转账结算、存取现金等全部或部分功能的信用支付工具。相应地，银行卡产业就是指与银行卡产品或服务有关的，涵盖了发卡活动、受理活动、信息转接活动、资金清算活动以及其他专业性服务活动在内的所有相关企业的集合。

银行卡交易可以分为 POS 交易、ATM（自动柜员机）交易、柜面交易、网上交易等，其中，POS 交易业务涉及的市场主体一般包括银行卡组织、发卡机构、收单机构、专业化服务机构、持卡人和特约商户。

（1）银行卡组织（bank card scheme）：银行卡组织的关键职能在于建立、维护和扩大跨行交易转接清算网络，通过跨行交易转接清算网络的操作平台，向会员银行提供信息交换、资金清算、品牌营销、风险控制以及反欺诈等服务。

（2）发卡机构（issuer）：发卡机构的基本职能是向消费者发行各类银行卡，并且通过提供各类相关的银行卡服务收取一定费用。通过银行卡的发行，发卡机构从持卡人处获取信用卡年费、循环信用利息以及持卡人享受各种服务的手续费，从商户处获取回佣分成等。

（3）收单机构（acquirer）：收单机构主要负责商户开发与管理、授权请求、账单结算等活动，收益主要来源于商户回佣、商户支付的其他服务费（如 POS 机具租用费等）以及商户存款的增加。

（4）专业化服务机构：银行卡 POS 交易中的专业化服务机构也被称为第三方服务供应商（third party service supplier），业务范围可以包括卡片制作、卡片营销、发卡系统建设、账单寄送、持卡人账款催缴、机具布放及维护、商户拓展和维护、交易授权、数据处理、资金清算等涵盖了发卡市场和收单市场的诸多业务。例如，收单机构可以借助它们来与商家签约，发卡机构也可以借助它们处理大部分与发卡业务有关的工作。

（5）特约商户（merchant）：它是指与收单机构签订受理 POS 业务协议并且同意用银行卡进行交易结算的商户。

2.1.2 银行卡组织的两种类型

从国际上来看，银行卡网络有两种类型：开放式（open）网络和封闭式（closed）网络。在开放式网络内，发卡业务和收单业务分别由不同的成员机构承担，银行卡组织自身负责网络的构建和跨行交易的转接清算，一项交易的基本参与方有五个，即发卡机构、收单机构、银行卡组织、特约商户和消费者。在封闭式网络内，银行卡组织本身既做发卡业务，又做收单业务，一项交易的基本参与方有三个，即封闭式组织、特约商户和消费者。

两种类型的银行卡网络在银行卡 POS 交易机制上存在显著差异。所谓银行卡 POS 交易，就是通过在销售点的 POS 机具上刷银行卡来完成支付交易。与两类银行卡网络相对应，银行卡 POS 交易存在两种机制：一种是以维萨、万事达、中国银联等开放式组织为交易组织者的开放式交易机制；另一种是以美国运通、JCB、大莱（Diners Club）等封闭式组织为交易组织者的封闭式交易机制。开放式交易机制的运作如图 2-1 所示，结合下面的例子加以说明。

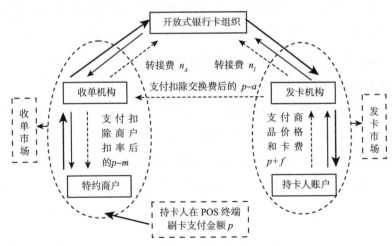

图 2-1 开放式交易机制的运作流程

注：实粗箭线与实细箭线分别指支付请求与授权信息流；虚箭线指支付流。p 是商品价格，f 是持卡人费用，a 是交换费，m 是商户扣率，n_A、n_I 是转接费。

　　假设一位消费者持有一张招商银行（发卡机构）发行的带有"银联"标识的信用卡，去中国银联的特约商户"国美电器"购买一台宏碁上网本，并在 POS 机具上刷了这张银联卡。POS 机具会从卡背面的磁条中获得数据信息，然后将这些信息与特约商户、购物的货币价值等相关信息整合在一起，形成一个新的电子信息。随后，POS 机具会将这个信息发送给国美电器的收单机构（即处理其银联卡交易的机构，如交通银行）内负责维护运行的计算机系统。交通银行的计算机系统读取这条信息并判断持卡人正在使用这张银联卡。接下来，它会联络中国银联的计算机系统（现为第二代银行卡跨行交易清算系统）。中国银联的计算机系统获得信息后，会与招商银行的计算机系统进行确认，核实持卡人的账户中是否有足够的信用额度来支付这次购物。以上即为图 2 - 1 中用实粗箭线标明的支付请求信息流。

　　如果持卡人的账户中有足够的信用额度支付这次购物，则招商银行的计算机系统就会向中国银联的计算机系统发回此次交易的授权通知。中国银联的计算机系统会把授权通知发送给交通银行，再由交通银行把授权通知发送给国美电器里的 POS 机具。POS 机具将打印出需由持卡人签字的 POS 签购单。由于整个交易是完全电子化的，打印签购单的主要目的在于帮助解决当信用卡被盗或者签名被伪造时所产生的争议。以上即为图 2 - 1 中用实细箭线标明的支付授权信息流。

　　假设这台宏碁上网本的价格为 p，则这笔购物整个的支付流如下：持卡人账户向作为发卡机构的招商银行支付商品价格 p 和持卡人费用 f [①]，招商银行向作为收单机构的交通银行支付扣除交换费后的 $p-a$，交通银行向作为特约商户的国美电器支付扣除商户扣率后的 $p-m$，另外，发卡机

----

　　① 对于信用卡购物，发卡机构通常将持卡人账单周期中的信息汇总在一起（通常为 30 天），然后给持卡人寄上一份账单，并希望持卡人能在随后的期限内偿还全部的或部分的账款，如招商银行信用卡账单日和到期还款日间隔 18 天，并给出本期最低还款额，一般为本期还款总额的 10%。另外，持卡人在信用卡使用中可能还会需要向发卡机构支付如循环信用利息、年费、滞纳金等其他费用，这里将其笼统地归于持卡人费用 f，实际上如果持卡人在到期还款日全额还款，并满足发卡机构的免除条件，对某笔购物而言，f 可能为零。

构和收单机构向银行卡组织支付转接费①。以上即为图2－1中用虚箭线标明的支付流。因此，这笔购物给各方带来的货币收益分别是：持卡人为$-p-f$，商户为$p-m$，收单机构为$m-a-n_A$，发卡机构为$a+f-n_I$，银行卡组织为n_A+n_I。

在图2－1中，左侧由特约商户和收单机构构成了银行卡收单市场，右侧由持卡人与发卡机构构成了银行卡发卡市场，两个市场相对独立，但通过银行卡组织提供的跨行交易转接清算系统和制度安排实现对接，从而共同构成了一个各个市场主体相互联系、密不可分的开放式POS交易机制。

封闭式交易机制的运作流程相对简单，这里不再做详细说明（见图2－2）。

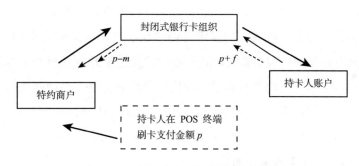

图2－2　封闭式交易机制的运作流程

注：实粗箭线与实细箭线分别指支付请求与授权信息流；虚箭线指支付流。p是商品价格，f是持卡人费用，m是商户扣率。

因此，银行卡组织可被分为两种类型：一类是运营开放式银行卡网络、组织开放式交易的开放式银行卡组织；另一类是运营封闭式银行卡网络、组织封闭式交易的封闭式银行卡组织。本书的研究对象主要集中在开

---

① 在实际操作中，网络转接费可能不是采取发卡机构和收单机构分别支付的形式。如现行《中国银联入网机构银行卡跨行交易收益分配办法》（2004）规定，POS跨行交易的商户结算手续费收益分配，采用固定发卡行收益和银联网络服务费、收单机构收益自主协商的方式，即采取"7：1：X"的分配比例。

放式银行卡组织，即我国官方语境下的银行卡清算组织或银行卡清算机构。

2.1.3 银行卡组织的基本经济特征

银行卡连接着持卡消费者和特约商户。一方面，只有当足够多的商户愿意受理某品牌银行卡时，消费者才会申请并携带该品牌银行卡去刷卡消费；另一方面，只有当该品牌银行卡有足够多的持卡人时，商户也才会申请并签约成为受理该银行卡品牌的特约商户。这就意味着收单市场与发卡市场之间具有密不可分的联系：在收单市场上开拓更多的特约商户，将提高该品牌银行卡在发卡市场上对持卡人的吸引力和价值；在发卡市场上开拓更多的持卡人，也将提高该品牌银行卡在收单市场上对商户的吸引力和价值。消费者在发卡市场上的需求与商户在收单市场上的需求相互依赖，彼此间具有正反馈效应，或者说正外部性。无论是开放式银行卡组织还是封闭式银行卡组织，均具有典型的双边平台特征：位于平台两边的发卡市场和收单市场间存在交叉网络外部性（cross-network externalities），并且对持卡人和商户的价格结构具有非中性特征（price allocation non-neutrality）。

2.1.3.1 交叉网络外部性

理解交叉网络外部性之前，需要首先弄清网络外部性这一概念。卡茨和夏皮罗（Katz & Shapiro，1985）最初将网络外部性定义为：一个用户从消费某种商品中得到的效用随着其他消费同种商品的代理人数量的增加而增加。例如，新用户在选择电话网络的时候，一般来说更愿意选择原来有较多用户的网络，这是因为网络中用户越多，安装基础（installed base）越大，从而潜在的通话对象就越多，该网络对用户的潜在价值也就越高。这种消费者之间的相互影响构成了"正的消费外部性"，该效应被公认为最早是在罗尔夫斯（Rohlfs，1974）对电信服务的研究中发现的。目前经济学界对网络外部性的定义主要有三种：

（1）当某产品对某用户的效用随着采用相同产品或可兼容产品的用户

增加而增加时就出现了正的网络外部性①。

（2）倘若作为某一网络的成员对于该用户的价值因为另一个用户的加入使网络扩大从而受到正面的影响，则称存在网络效应，或者说网络外部性②。

（3）网络外部性专指一种特定的网络效应，即在这种网络效应中，由加入网络而产生的收益在均衡时不能得到利用③。

在这三种定义中，前两种代表有关网络外部性界定的主流观点，使用网络外部性这一概念来表示一种正的消费外部性，通常也称为网络效应或需求方的规模经济。第三种定义则是基于外部性理论框架而发展出来的定义，认为网络效应并不一定是网络外部性，不认可主流文献对网络效应和网络外部性概念不加区分地使用④。本书认同第三种定义，但出于行文的方便，在下文中不做特别区分。

网络外部性一般有两种类型：直接网络外部性（direct network externalities）和间接网络外部性（indirect network externalities）⑤。直接网络外部性是指同一市场内消费者之间的相互依赖性，通过消费相同产品的购买者人数对产品价值的直接影响而产生。根据梅特卡夫定律（Metcalfe's Law），网络价值与接点数的平方成正比，如在一个有 n 个用户从而有 $n(n-1)$ 种连接的电话网络中，第 $n+1$ 个用户将通过给现有连接增加 $2n$ 个新的互补连接（从而使原来 n 个使用者的连接价值增加）的方式，给网络中所有其他用户提供直接的网络外部性。间接网络外部性主要源于基础产品和辅助产品之间的技术互补性，技术互补性导致产品需求的相互依赖

---

① 泰勒尔. 产业组织理论［M］. 北京：中国人民大学出版社，1997：538.

② Katz M L & Shapiro C. Systems Competition and Network Effects［J］. Journal of Economic Perspectives，1994，8（2）：93－115.

③ Liebowitz S J & Margolis S E. Network Externality：An Uncommon Tragedy［J］. The Journal of Economic Perspectives，1994，8（2）：133－150.

④ 国内持相似观点的文献可参见闻中和陈剑（2000）、朱彤（2001，2003）等学者的研究。

⑤ Katz M L & Shapiro C. Network Externalities，Competition and Compatibility［J］. The American Economic Review，1985，75（3）：424－440；Economides N. The Economics of Networks［J］. International Journal of Industrial Organization，1996，14（6）：673－699.

性，而这种相互依赖性使得基础产品和辅助产品都无法单独地给消费者或用户带来效用，例如 PC 机与 Windows 操作系统、Windows 操作系统与应用软件、打印机与墨盒。卡茨和夏皮罗（Katz & Shapiro，1985）将这种互补品之间的网络外部性称为硬件/软件范式（hardware/software paradigm）。在这一范式中，硬件与软件之间存在正的消费外部性。消费者在购买一种硬件（或软件）产品时，会关注有多少其他消费者购买了相同的硬件（或软件）和与之相配套的软件（或硬件），这是因为，一款预期用户安装基础较大的产品将可以引致更多的互补品，从而使现有购买者获得更大价值。

以上对网络外部性的分类，无论是直接网络外部性还是间接网络外部性，都是在同一边用户之间产生。而双边市场的网络外部性不仅取决于平台同一边用户的数量，而且还取决于平台另一边用户的数量，也就是说不仅有单边内网络外部性（intra-side externalities），而且有双边间网络外部性（inter-side externalities），后者也被称为交叉网络外部性（cross-network externalities）。简单来说，交叉网络外部性就是指平台一边用户数量的增加会提高平台对另一边用户的价值，反之则相反。在银行卡 POS 交易中，消费者对银行卡的需求除了取决于购买银行卡服务的费用和持有银行卡的其他消费者数量外，更取决于受理该银行卡的商户规模；反之，商户对银行卡的需求除了取决于受理银行卡的成本和受理银行卡的其他商户数量外，更取决于持有银行卡的消费者规模。因此，银行卡组织需要不断吸引持卡消费者和受理商户，促使双边用户更多地使用自身平台发生交易，增加平台的交易规模，而关键就在于如何设计有效的银行卡 POS 交易价格机制，因为对持卡人和商户的价格结构是非中性的（price allocation non-neutrality）。

2.1.3.2 价格结构非中性

价格结构的非中性（price allocation non-neutrality）被不少学者认为是双边市场区别于单边市场的最本质特征。正如前面所指出的，按照罗歇和梯若尔（Rochet & Tirole，2004b）的定义，当平台向市场两边客户收取的价格总水平 $\alpha = \alpha^B + \alpha^S$（$\alpha^B$、$\alpha^S$ 分别为平台向市场两边客户收取的价格）

不变时，如果 α^B 的变化会影响平台实现的交易量，这样的市场就是双边市场。简言之，价格结构本身的变化会影响平台能够实现的交易量，即价格结构非中性。在这样的市场中，平台提供的产品或服务面对的是不同的用户群体，为平衡两边用户的需求，平台对两边用户的定价往往不是基于成本，而是基于交叉网络外部性和需求价格弹性等其他因素，因此会出现平台对一方采取低价、免费甚至负价格（奖励计划）的倾斜式定价策略（slope pricing），目的是吸引特定条件下对平台的成功更为重要的一方参与到平台中并进行更多的交易。比如，相比其他品牌卡而言，美国运通卡（特别是其公司卡）可以收取较高的商户折扣率，这是因为商户看重美国运通公司持卡人的巨大消费能力，公司消费客户是让美国运通提高对商户定价的"关键客户"（marquee buyers）。在银行卡POS 交易中，为了设计最优的价格结构来平衡消费者和商户的需求，银行卡组织一般通过调整交换费来间接影响对持卡人和特约商户的定价。交换费实质上是特约商户通过收单机构向发卡机构支付的一种费用，以弥补发卡机构为吸引和留住持卡人而花费的成本①。因此，交换费的变化会影响到持卡人费用和特约商户扣率的变化，即间接地对持卡人和特约商户的费用产生影响。

2.2 银行卡组织的竞争结构

2.2.1 国际银行卡组织的全球竞争结构

目前，具有跨境跨区域运营能力的国际银行卡组织主要是维萨

---

① Schmalensee R. Payment systems and interchange fees [J]. Journal of Industrial Economics, 2002, 50 (2): 103 – 122.

（Visa）、万事达（Mastercard）、美国运通（American Express）、中国银联（China Unionpay）、JCB、大莱（Diners Club）或发现（Discover），其中仅中国银联与日本 JCB 不是源自美国的国际银行卡组织。以通用卡[①]消费交易金额（purchase volume）作为衡量指标，国际银行卡组织的全球相对份额如表 2 – 1 所示。

表 2 – 1　　　　　　　2009 ~ 2015 年国际银行卡组织通用卡消费

交易金额的相对份额　　　　　　　　　单位:%

银行卡组织	2009 年	2010 年	2011 年	2012 年	2013 年	2014 年	2015 年
维萨	52. 90	51. 48	48. 17	44. 50	39. 89	37. 21	33. 98
万事达	24. 47	22. 53	21. 77	21. 12	19. 37	17. 89	16. 45
中国银联	13. 25	17. 03	21. 13	25. 83	33. 34	37. 50	42. 85
美国运通	7. 99	7. 72	7. 24	6. 93	6. 09	5. 51	5. 03
JCB	1. 06	0. 96	1. 43	1. 41	1. 14	1. 06	0. 98
大莱/发现[a]	0. 32	0. 28	0. 25	0. 21	0. 17	0. 83	0. 70

注：a. The Nilson Report 自 2014 年以后公布的相关原始数据是对发现（Discover）的统计。
资料来源：根据 The Nilson Report（Issue 968）计算整理。

可以发现，中国银联消费交易金额的相对份额在 2012 年超过万事达之后，2014 年首次超过历来居首的维萨，2015 年更是超过全球总量的四成；维萨则已让出榜首位置，2015 年与中国银联的差距进一步扩大，市场份额约为全球总量的1/3；万事达位列第三，但已远远不足全球总量的两成；美国运通位列第四，市场份额延续下滑趋势；JCB 和大莱（或发现）所占市场份额极低，二者均不足1%。

而以通用卡的消费交易笔数衡量，国际银行卡组织的全球相对份额如表 2 –2 所示。可见，维萨的相对份额自 2011 年起逐年下滑，短短五年内减少了 10 个百分点；万事达的相对份额则比较稳定，达到全球总量的1/4；而中国银联的相对份额则逐年上升，短短 6 年内增加了近 10 个百分点；美国运通的相对份额总体上也呈现出下降趋势；JCB 的相对份额有较

———————————
①　本书所指通用卡（general purpose cards）包括信用卡、借记卡和预付卡。

为明显的上升幅度，但 2015 年也仅有 1.23%。

表 2 - 2   2009 ~ 2015 年国际银行卡组织通用卡消费

交易笔数的相对份额   单位:%

银行卡组织	2009 年	2010 年	2011 年	2012 年	2013 年	2014 年	2015 年
维萨	65.03	66.01	64.67	62.07	60.46	57.74	55.52
万事达	26.67	25.18	25.57	26.83	26.88	26.35	26.27
中国银联	3.30	4.03	4.74	6.03	7.70	10.10	12.78
美国运通	4.08	3.91	3.87	3.91	3.76	3.40	3.21
JCB	0.78	0.75	1.03	1.05	1.12	1.18	1.23
大莱/发现[a]	0.14	0.12	0.13	0.11	0.09	1.24	0.99

注: a. The Nilson Report 自 2014 年以后公布的相关原始数据是对发现（Discover）的统计。
资料来源: 根据 The Nilson Report 各期计算整理。

结合表 2 - 1 和表 2 - 2，不论是从消费交易的金额还是笔数衡量，国际银行卡组织的竞争结构均呈现高度的寡占特征。2015 年，维萨、万事达、美国运通和中国银联四家银行卡组织消费交易金额及笔数的相对份额合计分别高达 98.32%、97.78%。其他局限于少数经济体内部运营的当地银行卡组织品牌运营规模极小，全球市场份额几乎可以忽略不计。因此，根据贝恩的竞争结构分类法[①]，国际银行卡组织的竞争结构属于寡占Ⅰ型（$CR_4 > 75\%$）。然而，在寡占集团内部，寡头间的份额结构出现了显著变化。不论是从消费交易的金额还是笔数来看，维萨的相对份额均呈现了明显的下降趋势，其中，以交易金额衡量的相对份额下滑更为剧烈。万事达的交易金额相对份额在 6 年间减少近 8 个百分点，交易笔数的相对份额则总体保持稳定。另外，与维萨和万事达同属开放式银行卡组织的中国银联，近年来的相对份额呈现了极为显著的上升势头，其中，以交易金额衡量的相对份额已跃居榜首，超过四成。由于在市场定位、交易机制和盈利模式等方面与开放式银行卡组织存在显著差异，美国运通和 JCB 等封闭式

① Bain J S. Industrial Organization [M]. New York: John Wiley & Sons Inc., 1968: 7.

银行卡组织则仍然维持着相对小众的市场地位，但在特定客户群体中仍保持着较为稳定的增长。

进一步地，对分别以消费的交易金额和交易笔数作为衡量指标的相对份额数据进行比较可以发现，尽管中国银联的交易金额相对份额已经达到全球总量的四成以上而高居首位，但交易笔数的相对份额仍然远远落后于维萨，也不及万事达的一半。2015 年，各银行卡组织的笔均交易金额依次为：中国银联 301.5 美元，美国运通 141.2 美元，JCB71.8 美元，大莱（或发现）64.2 美元，万事达 56.3 美元，维萨 55.0 美元①。可以看到，中国银联的笔均交易金额远远超过其他银行卡组织。当前，中国银联的国际化程度仍比较低，例如，就发卡数量而言，截至 2016 年末，银联卡累计发行 61.25 亿张，在所有国际银行卡组织发卡总量中占比超过 50%，但境外累计发行银联卡仅 6800 多万张，境外发卡比例仅为 1.11%。银联卡几乎都是在中国境内发行，并且 90% 以上是借记卡②。

据此，可进一步做以下分析。

（1）与竞争对手相比，境内银联借记卡的消费交易活跃度极低，2015 年银联借记卡实现消费交易 136.2 亿笔（还不及银联信用卡的 154.1 亿笔），远不及万事达借记卡的 298.2 亿笔和维萨借记卡的 806.2 亿笔，以至于银联的总计消费交易笔数远不及维萨和万事达。而境内银联借记卡消费交易活跃度之所以极低，主要原因包括：第一，很多银行以发卡数量为业绩考核指标之一，导致很多持卡人同时持有多张银联借记卡。然而，对消费交易笔数而言，关键在于有多少人持有银联借记卡（张数不限），而不在于每个持卡人持有多少张银联借记卡，因为绝大多数持卡人一般只会携带其中一张或两张作为消费支付工具，而将其他银联借记卡作为存储账户甚或闲置不用。所以，虽然银联借记卡发卡数量位列国际银行卡组织之

---

① 根据 The Nilson Report（Issue 1085）计算。
② 根据 The Nilson Report（Issue 1109）和《中国支付体系发展报告 2016》计算。

首,但对消费交易笔数(即频率)并无决定性意义。第二,银联借记卡的持卡人大量分布在中国农村,由于受到持卡人文化水平和 POS 受理终端等因素的制约,大量农村持卡人仍习惯于使用现金支付的方式完成交易,很少甚至根本不会通过在 POS 终端输入借记卡交易密码的方式完成消费支付。

(2)受支付习惯的影响和 POS 终端布放的制约,中国消费者通过现金完成消费支付的总体比例仍比较高,特别是日常生活中频繁发生的小额支付[①]。根据央行《2015 年支付体系运行总体情况》,剔除房地产及批发类交易,2015 年银行卡消费金额占社会消费品零售总额的比例(即银行卡渗透率)为 47.96%,其余主要通过现金支付。当消费金额提高且受理终端可得时,具备必要文化水平的持卡人才会愈发倾向于使用刷卡方式完成支付。此外,境内持卡人在购买商品房时使用开发商或中介 POS 终端刷卡付款的现象十分普遍,而在英美等发达国家购房时,由于受到反洗钱等法律法规的约束,此种付款方式受到极大制约。

由于上述两个方面的原因,银联卡的消费交易笔数虽不占优,但交易金额较大,以至于银联卡的笔均消费金额遥遥领先。

此外,目前中国银联消费交易金额的份额优势主要体现在借记卡市场。2015 年银联借记卡消费交易金额的相对份额超过全球总量的一半,比维萨高出 21.22 个百分点(见表 2-3)。与此同时,尽管维萨在信用卡消费交易金额的份额上仍具有一定优势,2015 年仍然高出中国银联 3.25 个百分点,但这一优势正在加速缩减。银联信用卡的消费交易金额 2012 年首次超过美国运通,2014 年首次超过万事达,2015 年也进一步缩小了与维萨的差距,显示近年来中国银联在信用卡领域的扩张速度远超其他银行卡组织(见图 2-3)。

---

① 此外,通过第三方支付工具(主要是支付宝和微信支付)进行生活类小额交易在近两年增长较快。

表2-3　　　　2015年国际银行卡组织通用卡消费交易的分类相对份额　　　单位:%

银行卡组织	交易金额		交易笔数	
	信用卡	借记卡ᵃ	信用卡	借记卡
维萨	33.98	33.97	44.13	64.98
万事达	21.97	10.83	28.97	24.04
美国运通	9.98		7.07	
中国银联	30.73	55.19	14.96	10.98
JCB	1.94		2.71	
大莱/发现ᵇ	1.39		2.17	

注：a. 维萨和万事达借记卡数据含借记卡和预付卡，中国银联数据仅指借记卡。

b. The Nilson Report 自2014年以后公布的相关原始数据是对发现（Discover）的统计。

资料来源：根据 The Nilson Report（Issue 1085）计算整理。

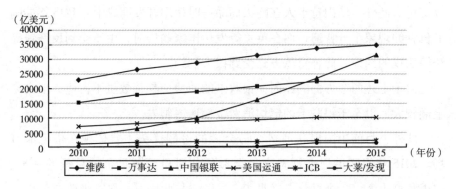

图2-3　2010～2015年国际银行卡组织的信用卡消费交易金额

资料来源：根据 The Nilson Report 各期计算整理。

2.2.2　主要国家和地区的银行卡组织竞争结构

银行卡组织的业务目前已几乎遍布全球各地，但因银行卡产业发展历史、发展模式和经济规模等方面的不同，不同国家和地区内的银行卡组织竞争结构各有差异。其中，由于产业政策的扶持，中国银联历来是境内人民币银行卡清算业务的垄断服务商。尽管《国务院关于实施银行卡清算机构准入管理的决定》于2015年4月发布后，境内人民币银行卡清算市场开放的总体政策已经确立，但距离境内第二家人民币银行卡清算机构的正式开业尚需时日，截至2017年底，中国银联仍然维持着对境内人民币银行卡清算业务的垄断地位。以下将对其他各主要国家和地区的银行卡组织竞争结构进行简要分析。

2.2.2.1 美国

美国是现代银行卡产业的起源地，在半个多世纪的发展中经历了封闭式银行卡组织和开放式银行卡组织的兴衰起伏。自20世纪80年代以来，美国境内的银行卡市场被维萨、万事达、美国运通和发现等机构主导。当前，就消费交易金额而言，维萨占据了整个市场的半壁江山。2015年，维萨的消费交易金额占据了美国近3/5的市场份额；其次是万事达，所占份额约1/4；美国运通位居第三，市场份额略低于15%；发现所占份额相对较低，占比不足3%（见图2-4）。

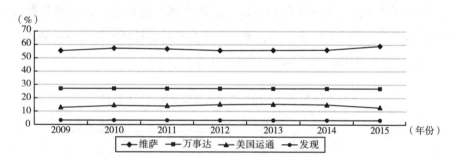

图2-4　2009~2015年美国银行卡组织通用卡消费交易金额的市场份额

资料来源：根据The Nilson Report各期计算整理。

就消费交易笔数而言，维萨同样位居首位，遥遥领先于其他银行卡组织。2015年，维萨所占份额高达64.41%，万事达占比26.97%，美国运通和发现的市场份额则比较低，二者合计占比不足1/10（见图2-5）。就近些年的变化来看，各银行卡组织在美国的市场份额较为平稳，其中维萨一直保持着领导地位。

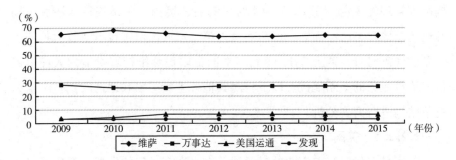

图 2 − 5　2009 ~ 2015 年美国银行卡组织通用卡消费交易笔数的市场份额

资料来源：根据 The Nilson Report 各期计算整理。

进一步细分至信用卡和借记卡市场，不论是消费交易的金额还是笔数，维萨均位居首位。就美国信用卡市场而言，2015 年维萨交易金额与交易笔数的市场份额均在 50% 左右；万事达交易金额占比 23.04%，低于美国运通 2.28 个百分点，但是其交易笔数占比 23.89%，高于美国运通 7.38 个百分点；发现所占份额很低，交易金额占比 4.18%，交易笔数占比 6.60%。在借记卡市场方面，维萨交易金额与交易笔数的市场份额均高达 70% 左右，万事达占比 30% 左右（见表 2 − 4）。

表 2 − 4　　　　2015 年美国银行卡组织通用卡消费交易的分类份额　　　　单位:%

银行卡组织	交易金额		交易笔数	
	信用卡	借记卡	信用卡	借记卡
维萨	47.44	70.31	53.01	71.19
万事达	23.04	29.66	23.89	28.81
美国运通	25.32	—	16.51	—
发现	4.18	—	6.60	—

资料来源：根据 The Nilson Report（Issue 1080）计算整理。

2.2.2.2　欧洲

银行卡组织在欧洲区域内（不包括以色列，下同）消费交易金额的市场份额较为稳定。2015 年，维萨在欧洲的消费交易金额仍然遥遥领先于其他银行卡组织，所占份额达到 67.80%；万事达位列第二，市场份额为

28.82%；美国运通和大莱市场份额很低，二者合计仅 3.38%（见图 2 - 6）。

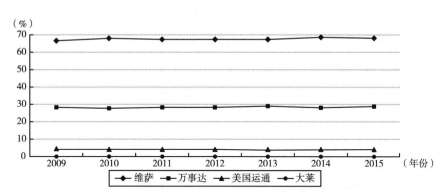

图 2 - 6　2009 ~ 2015 年欧洲银行卡组织通用卡消费交易金额的市场份额

资料来源：根据 The Nilson Report 各期计算整理。

与消费交易金额的市场份额相似，银行卡组织在欧洲区域内消费交易笔数的市场份额也较为稳定。2015 年，维萨的消费交易笔数在欧洲稳居第一，市场份额高达 68.15%；万事达位居第二，市场份额为 30.43%；美国运通和大莱市场份额很低，两者合计仅 1.42%（见图 2 - 7）。

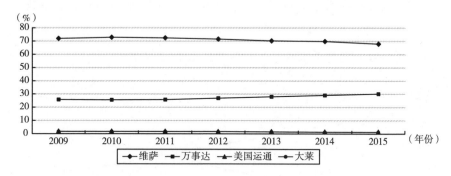

图 2 - 7　2009 ~ 2015 年欧洲银行卡组织通用卡消费交易笔数的市场份额

资料来源：根据 The Nilson Report 各期计算整理。

2.2.2.3　亚太地区

亚太地区的银行卡市场主要被中国银联、维萨、万事达和 JCB 占据，并且近年来各银行卡组织市场份额的一个显著变化是中国银联的市场份额显著上升，维萨和万事达的市场份额显著下降。在消费交易金额方面，中国银联早已超过维萨，位居各银行卡组织之首。2015 年，中国银联消费交易金额的市场份额进一步提升至 76.71%，占据了整个亚太地区银行卡市场的 3/4；维萨和万事达的市场份额分别下降至 12.86% 和 7.38%；JCB、美国运通和大莱的市场份额分别为 1.87%、1.25% 和 0.08%（见图 2 – 8）。

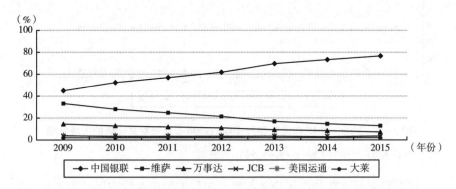

图 2 – 8　2009 ~ 2015 年亚太地区银行卡组织通用卡消费交易金额的市场份额

　　资料来源：根据 The Nilson Report 各期计算整理。

　　以消费交易笔数衡量，2015 年，中国银联的市场份额达到 47.44%，接近整个亚太地区市场规模的一半；维萨的市场份额进一步显著下降至 29.51%；万事达的市场份额则小幅下降至 17.31%；JCB、美国运通和大莱的市场份额分别为 4.52%、1.12% 和 0.10%（见图 2 –9）。

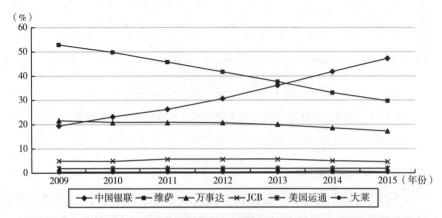

图 2 – 9　2009 ~ 2015 年亚太地区银行卡组织通用卡消费交易笔数的市场份额

　　资料来源：根据 The Nilson Report 各期计算整理。

2.2.2.4 拉丁美洲

维萨和万事达主导了拉丁美洲银行卡市场，并且各银行卡组织的相对市场地位比较稳定。在消费交易金额方面，2015 年，维萨占据了 59.70% 的市场份额；其次是万事达，市场份额为 31.31%；美国运通和大莱的市场份额分别为 7.91% 和 1.08%，两者合计尚不足 1/10（见图 2 – 10）。

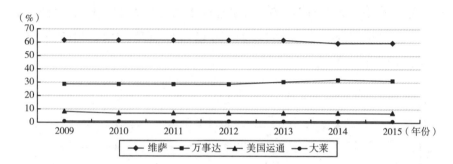

图 2 – 10　2009～2015 年拉丁美洲银行卡组织通用卡消费交易金额的市场份额

资料来源：根据 The Nilson Report 各期计算整理。

从消费交易笔数来看，拉丁美洲地区银行卡组织的集中程度更高。2015 年，维萨占据了近 2/3 的市场份额，万事达占据了近 1/3 的市场份额，美国运通和大莱的市场份额合计不足 4%（见图 2 – 11）。

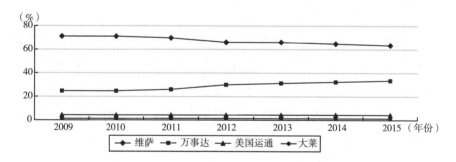

图 2 – 11　2009～2015 年拉丁美洲银行卡组织通用卡消费交易笔数的市场份额

资料来源：根据 The Nilson Report 各期计算整理。

2.2.2.5 加拿大

1984 年，5 家加拿大金融机构发起设立了本土银行卡组织 Interac

Association，仅运营借记卡业务。1989 年，维萨进入加拿大市场，成立了维萨加拿大协会，取代了 CBCA（Canadian Bank Card Association）。加拿大银行卡市场总体上被维萨、Interac、万事达所主导，属极高寡占市场。

就消费交易金额而言，近年来各银行卡组织的市场份额总体上较为稳定。2015 年，维萨的市场份额高达 2/5；Interac 的市场份额为 31.17%，延续了近年来的缓慢下降趋势；万事达的市场份额为 23.93%，延续了近年来的缓慢上升势头；美国运通的市场份额有所下滑，2015 年仅有 3.80%（见图 2-12）。

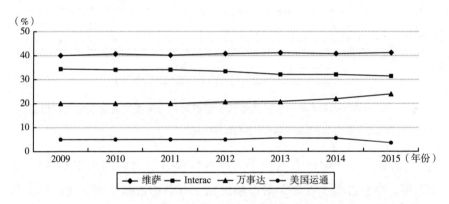

图 2-12　2009~2015 年加拿大银行卡组织通用卡消费交易金额的市场份额

资料来源：根据 The Nilson Report 各期计算整理。

就消费交易笔数来说，虽然 2015 年 Interac 的消费交易笔数仍遥遥领先，但相对其他银行卡组织的优势也延续着近年来的缩小趋势。2015 年，Interac 市场份额超过一半；其次是维萨，市场份额继续小幅上升至 27.41%；万事达的市场份额进一步上升至 18.29%；美国运通的市场份额不足 2%（见图 2-13）。

2.2.3　对银行卡组织竞争结构的总结

总结以上对于银行卡组织在国家间和各主要国家及区域竞争结构的分析，可以发现以下特点：

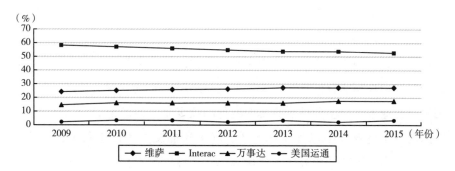

图 2 – 13　2009 ~ 2015 年加拿大银行卡组织通用卡消费交易笔数的市场份额

资料来源：根据 The Nilson Report 各期计算整理。

第一，不论是在国家间，还是在各主要国家和地区内部，银行卡组织的竞争结构均呈现高度的寡占特征，属于贝恩竞争结构分类法中的寡占 I 型，也就是极高寡占型。除了中国银联在境内的垄断地位主要源自既往的产业扶持政策，其他国家和地区内银行卡组织的寡占结构大多是市场自发竞争的结果，因此，可以大致推断银行卡清算业务在很高的业务量范围内具有成本弱增性。

第二，不论是在国家间，还是在各主要国家和地区内部，在与封闭式银行卡组织的竞争中，开放式银行卡组织均居于显著的优势地位。维萨、万事达和银联的开放式结构使得银行（不论是大型银行还是小型银行）发行信用卡和借记卡变得非常容易，极大地推动了银行卡在更大的广度和深度上的使用。实际上，现代国家银行卡产业的健康发展，高度依赖于开放式银行卡组织提供的跨行交易转接清算服务的质量和效率，这也是后起的中国银联受到政策扶持的重要理据。

第三，美国的银行卡组织几乎遍布全球各地，尤其是维萨和万事达。由于政策原因，维萨和万事达长期以来未能在中国境内运营人民币银行卡清算业务，因而中国境内人民币银行卡清算业务长期以来被中国银联垄断。加拿大很早便设立了运营借记卡业务的开放式银行卡组织 Interac Association，至今仍占有显著的市场份额。除此以外，各主要国家和地区内部的银行卡业务几乎均被维萨和万事达两家银行卡组织所寡占。维萨和万事达的大部分业务在美国境外，是真正具有国际竞争优势的国际性银行卡组织。

第四，中国银联近年来实现了较快增长，消费交易金额在全球范围内已经超过了长期居首的维萨。尽管如此，仍然需要注意以下几点：一是中国银联的业务优势主要体现在境内发行的数量庞大的借记卡；二是中国银联的消费交易统计中包含了房地产、汽车和批发类等比重很大的大宗交易；三是中国银联的境外业务比例极小，在境外尚不具备与维萨或万事达抗衡的竞争实力，不应对其竞争地位过于乐观。实际上，在外资真正得以进入境内人民币银行卡清算市场后，由于持卡人有可能仅用一张卡就可以实现全球通用，如果中国银联届时仍然没有积累起足够的境外竞争优势，那么其境内优势地位也很难得到维持，如若应对不当，甚至可能陷入"境外优势不足—境内优势削弱—境外优势进一步萎缩—境内优势进一步削弱……"的"死亡螺旋"（death spiral）。

2.3　本章小结

从全球范围内来看，存在两种类型的银行卡网络，一类是开放式银行卡网络，另一类是封闭式银行卡网络。与此相对应，银行卡组织也存在两种类型，分别是运营开放式银行卡网络、组织开放式交易的开放式银行卡组织，和运营封闭式银行卡网络、组织封闭式交易的封闭式银行卡组织。相对于封闭式网络，开放式网络的主要参与主体除了银行卡组织、消费者和商户以外，还包括发卡机构和收单机构，POS 交易机制产生支付请求、授权信息及发生实际支付的环节更多、更加复杂。其中，尤为特别的是，在开放式网络的交易机制中，收单机构需要向发卡机构支付一笔被称作交换费的费用，而在封闭式网络的交易机制中并不存在这样的一笔费用。在银行卡清算市场上，消费者在发卡市场上的需求与商户在收单市场上的需求相互依赖，彼此间具有正反馈效应，或者说正外部性。因此，银行卡组织具有典型的双边平台特征，位于平台两边的发卡市场和收单市场间存在交叉网络外部性，并且对持卡人和商户的价格结构对平台的交易量有显著影响。

银行卡组织的竞争结构普遍呈现高度的寡占特征，并且大多是市场自发竞争的结果，故此可以推断银行卡清算业务在很高的业务量范围内具有成本弱增性。由于开放式的网络结构便于各类银行（以及非银行机构）加入网络从事银行卡的发行或收单，开放式银行卡组织在与封闭式银行卡组织的竞争中，普遍居于显著的优势地位。从各主要的国际银行卡组织的国际竞争力来看，维萨和万事达在美国境外的业务比重更大，是真正具有国际竞争优势的银行卡组织。尽管中国银联近年来实现了较快增长，但其境外业务比例极小，尚不具备与维萨或万事达抗衡的国际竞争实力，因而不应对其竞争地位过于乐观。如果中国银联在外资实质性进入境内人民币银行卡清算市场后仍未积累起足够的境外竞争优势，那么其境内优势地位也很难得到维持，对此应保有清醒的认识和足够的警惕。

银行卡组织的定价行为

对产品或服务采取恰当的定价是所有商业实践取得成功的基本要件，银行卡组织也不例外。不同之处在于，银行卡组织需要同时吸引市场两边的客户，更多地通过其平台实现互动和交易，才能为客户创造价值，获得商业成功。如果持卡人多，但受理商户不足，或者受理商户多，但持卡人不足，那么都无法取得商业成功。因此，对市场双边客户的价格结构（即相对比例，而不仅是价格总水平）对平台能够实现的交易量会产生极大的影响。银行卡组织的关键客户资源是发卡市场上的消费者和收单市场上的商户，为了吸引客户使用自身品牌的银行卡实现交易结算，银行卡组织需要在保证商业可持续的前提下，尽可能降低客户使用或受理银行卡的成本。商业实践表明，持卡人和商户各自承担的刷卡交易成本并不对等，并且，通常情况下持卡人承担的成本较低。

然而，作为银行卡网络的组织者和交易清算平台，银行卡组织[①]并不直接制定持卡人费用和商户费用（其他与此同义的名称包括商户服务费、商户扣率、商户结算手续费等[②]）。持卡人费用由持卡人直接与发

①　除非特别说明，下文中的"银行卡组织"仅指开放式银行卡组织，而不包括封闭式银行卡组织。在封闭式银行卡网络中，银行卡组织直接制定持卡人费用和商户费用。

②　本书在不同语境下可能使用不同的名称，但意义是相同的。

卡机构协议确定，商户费用由商户直接与收单机构协议确定。由于持卡人费用和商户费用的水平和结构对银行卡组织的吸引力和交易量具有极大影响，银行卡组织需要通过某种媒介（或安排）实质性地影响持卡人费用和商户费用的水平和结构。这个媒介（或安排）在实践中就是所谓的交换费（interchange fee），即在一笔刷卡交易中由收单机构向发卡机构支付的费用。银行卡组织的定价问题主要就是交换费的定价问题。

3.1　交换费的商业实践

3.1.1　交换费的由来

关于交换费的由来，还须从银行卡组织发展的早期说起。实际上，最早用于消费支付的塑料卡片并不是由银行发行的，而是 20 世纪 50 年代由美国大莱俱乐部（Diners Club）在曼哈顿发行的大莱卡（Diners Club card），这是一种签账卡①。大莱俱乐部既是卡片的发行机构，又是卡片的收单机构，直接设定向消费者和商户收取的价格，包括向消费者收取的年费、利息和向商户收取的每笔交易费用（商户扣率）等。换句话说，大莱俱乐部不仅决定了向消费者和商户收取的总费用水平，也决定了总费

---

① 在一些国家（如美国）允许非银行机构发卡，故有"支付卡"（payment card）之称，包括了银行机构和非银行机构发行的所有可用于支付的卡片，但非银行机构发卡份额总体上较小，下文不再作严格区分。支付卡主要分为信用卡（credit cards）、借记卡（debit cards）和签账卡（charge cards）。信用卡与签账卡的区别在于是否提供循环信用额度。所谓循环信用，是一种按日计息的小额无担保贷款。客户可以按照自己的财务状况，每月在信用卡当期账单的到期还款日前，自行决定还款金额的多少。当偿还的金额等于或高于当期账单的最低还款额但低于本期还款总额时，剩余的延后还款的金额就是循环信用余额。在 1958 年美国银行（Bank of America）发行具有循环信用额度的信用卡之前所发行的所谓"信用卡"，实质上都是签账卡，但在很多场合，人们并不严格区分两者，而是将签账卡归入信用卡之列。

用在消费者和商户之间的分配，即费用结构。在此之后的十多年，支付卡产业一直被类似大莱俱乐部的全国性封闭式组织（proprietary schemes）所主导。1958 年，美国银行（Bank of America）决定发行具有循环信用功能的信用卡，其业务模式与大莱俱乐部等其他全国性封闭式卡组织相似。

　　然而，由于银行业跨州经营的限制，美国银行难以与当时的三大全国性封闭式组织①展开竞争，于是在 1966 年发展出了"美国银行卡"（Bank Americard）特许体系。获得许可的银行（被特许银行）可以使用"美国银行卡"品牌独立运营，与被特许银行签约的商户必须受理所有的美国银行卡。被特许银行可以自主决定其向持卡人和商户的收费。当持卡交易发生时，若卡片的发卡银行与商户的收单银行是同一家，那么这家银行可以选择使用与美国银行相同的费用结构。若卡片的发卡银行与商户的收单银行不同，那么收单银行需要将全部商户扣率交给发卡银行。这一规则显然存在两个严重问题：一方面，收单银行有很强动机隐瞒其收取的真实的商户扣率水平；另一方面，所有的银行在发展特约商户、开展收单业务方面缺乏足够激励。此外，很多大银行对于运营作为竞争对手的美国银行的品牌并不热衷。这些问题的存在制约了美国银行卡特许业务的进一步发展。

　　与此相对地，在美国银行卡特许体系推行的同一时期，一些银行选择了合作组建银行卡组织，其中主要包括中西部银行卡系统（the Midwest Bank Card）、银行间卡协会（the Interbank Card Association）和西部各州银行卡协会（the Western States Bank Card Association）。多数大银行选择加入银行间卡协会，而不是美国银行卡特许体系，主要原因在于那些大银行希望营销它们共同拥有的品牌，而不是另一银行的品牌，这样在跨州经营限制被取消后能够实现全国扩张。面对被特许银行的反抗和特许模式的经营困难，1970 年美国银行同意将特许体系转换为一个会员所有制公司，即

---

① 即美国运通、希尔顿信用公司（Hilton Credit Corporation）和大莱俱乐部。

全国美国银行卡公司（National Bank Americard, Inc. , NBI）。到 20 世纪 70 年代末，两个在世界范围内最具影响的银行卡组织正式成立：1976 年，由美国银行卡特许体系转换而来的全国美国银行卡公司正式定名为我们所熟知的"维萨"；1979 年，银行间卡协会正式更名为我们今天所熟知的"万事达"。

不过，商业银行为开拓各自银行卡业务而通过合作构建起来的联合性的银行卡组织，必须解决会员银行之间的利益分配问题，才能使银行卡组织走上良性发展的轨道。早期的一些区域性组织制定的交易结算规则要求发卡银行和收单银行直接按交易金额进行清算，即发卡银行（持卡人的银行）向收单银行（商户的银行）全额支付消费款，这种类似支票的全额清算模式导致发卡银行得不到任何商户费用，银行卡交易量的增加不能直接增加发卡银行的收益，不利于充分反映和弥补发卡银行的银行卡业务成本，特别是承担循环信用风险的成本①，抑制了发卡银行开发持卡人客户群体的动力，倒是激励银行更多地拓展商户，开展更多的收单业务。然而，由于银行卡业务的双边市场特征，收单市场不可能脱离发卡市场而独自获得成长，因此，必须使每一笔银行卡交易能够直接增加发卡银行的收益。同时，由于从事发卡业务的银行和收单业务的银行数量众多，每一个会员银行单独与其他会员银行针对利益分配进行协商谈判的交易成本太高，也会使银行卡网络内的交易结算标准因数量众多的会员银行间的不同协议而复杂化，银行卡组织最终选择通过符合本组织章程的会员银行间的集体协商制度对会员银行间的利益分配进行集中规定。1971 年，NBI 创立了交换费这一集中定价机制，用以处理发卡银行与收单银行不一致时的银行卡交易。交换费由收单银行支付给发卡银行，从而成为发卡银行的收益来源之一，同时也构成收单银行的部分成本。不过，交换费与收单银行收取的商户扣率是两笔不同的相对独立的费用，收单银行可以收取较之于交

---

① 理论上，发卡银行可以通过向持卡人收取费用（如循环信用利息、年费、滞纳金等）弥补银行卡业务成本，但由于发卡银行之间也存在竞争，向持卡人收取费用的空间往往非常有限。

换费更多的商户扣率以弥补交换费及其他成本，并从收单业务中获取相应利润。

3.1.2　交换费定价实例

伴随着商业实践、产业发展和政府监管的变化，银行卡组织通常每隔一段时间公布新版的交换费标准[①]。并且，除非受到政府的直接规制，银行卡组织一般会依其细分方法对交换费实施有差别的定价。下面以维萨在美国和欧洲制定的交换费标准为例予以说明。

实例一：维萨美国（Visa USA）的交换费标准

2017 年 4 月，维萨美国发布新版交换费标准[②]，其差别定价的细分方案如下：

首先，按银行卡类别将交易分成几大类别，主要包括消费者支票卡（consumer check card）[③]、消费者预付卡（consumer prepaid card）、消费者信用卡（consumer credit card）、法人和采购卡（corporate and purchasing）、商务卡（business card）等。

其次，依不同交易场景、受规制与否等，对每一大类进一步细分。例如在消费支票卡大类下，一是依交易场景进一步细分为有卡交易（card present transactions）、无卡交易（card not present transactions）两类，二是依受规制与否进一步分为不受规制支票卡（exempt Visa check card）、受规

---

① 例如，近年来维萨美国（Visa USA）会在每年 4 月公布新版的交换费标准。
② 完整版本请参见维萨美国网站：https：//usa. visa. com/dam/VCOM/global/support-legal/documents/visa-usa-interchange-reimbursement-fees-2017 – april. pdf。
③ 消费者支票卡是借记卡（Debit Card）的一种类型，交易金额将从持卡人的支票账户中直接扣除。

制支票卡（regulated Visa check card）①。接着，再进一步细分具体的交易场景，例如超市（supermarket）、零售（retail）、餐馆（restaurant）等。表 3 - 1 截取了消费者支票卡大类下的有卡交易的交换费标准。

表 3 - 1　　　　　维萨美国有卡交易的消费者支票卡交换费标准

（2017 年 4 月生效）

费率项目（有卡交易场景）	不受规制支票卡	受规制支票卡
借记卡 - 超市 （CPS/supermarket，debit）	$0.30	0.05% + $0.21 *
借记卡 - 零售 （CPS/retail，debit）	0.80% + $0.15	0.05% + $0.21 *
借记卡 - 自动加油机 （CPS/automated fuel dispenser（AFD），debit）	0.80% + $0.15 （$0.95 Cap）	0.05% + $0.21 *
借记卡 - 服务站 （CPS/service station，debit）	0.80% + $0.15 （$0.95 Cap）	0.05% + $0.21 *
借记卡 - 小型票务 （CPS/small ticket，debit）	1.55% + $0.04	0.05% + $0.21 *
借记卡 - 餐馆 （CPS/restaurant，debit）	1.19% + $0.10	0.05% + $0.21 *
借记卡 - 酒店及汽车租赁 （CPS/hotel and car rental，debit）	1.19% + $0.10	0.05% + $0.21 *

---

①　美联储按受规制与否将借记卡交易分为两类，即 exempt transactions 和 covered transactions（或 regulated transcations），可分别直译为豁免交易和覆盖交易（受规制交易），为求语义直观，本书将其分别译为"不受规制交易"和"受规制交易"。根据美联储的官方界定，不受规制交易是指不受交换费标准规制的发卡机构处理的交易，以及由受交换费标准规制的发卡机构处理但符合其他豁免条件的交易。具体来说，不受规制交换费标准规制的发卡机构（exempt issuers）本身在全球的资产总值须低于 100 亿美元；由受交换费标准规制的发卡机构处理但符合其他豁免条件的交易（exempt transactions for covered issuers）是指使用根据政府管理的支付项目提供的特定借记卡完成的交易，以及使用特定的可充值的通用预付卡完成的交易。受规制交易是指由受交换费标准规制的发卡机构处理且不符合其他豁免条件的交易。

续表

费率项目（有卡交易场景）	不受规制支票卡	受规制支票卡
借记卡 - 客运 （CPS/passenger transport card present, debit）	1.19% + $0.10	0.05% + $0.21 *
借记卡 - 旅行服务 （travel service, debit）	1.19% + $0.10	0.05% + $0.21 *
借记卡 - 零售密钥入口 （CPS/retail key entry, debit）	1.65% + $0.15	0.05% + $0.21 *

注：＊遵循 Visa 反欺诈标准的发卡机构可额外得到 0.01 美元。

资料来源：维萨美国（Visa USA）网站。

实例二：维萨欧洲（Visa Europe）[①] 的交换费标准

维萨欧洲在欧洲经济区（European Economic Area，EEA）[②] 和非欧洲经济区制定了不同的交换费标准，2017 年 1 月生效的新版交换费标准[③]的细分方案如下：

首先，按银行卡类别将交易分成两大类，即消费者卡（consumer）和商业卡（commercial）。

其次，按卡片特征、交易场景等进一步细分。一方面，在欧洲经济区内，进一步将消费者卡分为"Visa Consumer"和"V PAY"两个子类[④]，在每一子类下又分为非接触低值（contactless low value）、强化安全（secure）[⑤]、非强化安全（non - secure）三类；而在非欧洲经济区内，依

[①] 在维萨总部 2008 年上市（Visa Inc.，NYSE：V）之前一年，维萨欧洲从总部的一体化运营中独立出去，但维萨仍然透过一定条件下可能会买回维萨欧洲的条款而影响后者的命运。2016 年 6 月，维萨宣布完成对维萨欧洲的收购。

[②] 在欧洲自由贸易联盟（EFTA）与欧盟（EU）达成协议后，欧洲经济区（EEA）协议于 1994 年 1 月 1 日正式生效，旨在让欧洲自由贸易联盟的成员国，无须加入欧盟也能参与欧洲的单一市场。现时欧洲经济区成员国家包括四个欧洲自由贸易联盟成员中的三国，即冰岛、列支敦士登和挪威，以及 28 个欧盟成员国。

[③] 完整版本请参见维萨欧洲网站：https://www.visaeurope.com/about - us/interchange - fees/。

[④] 这是维萨欧洲在消费者卡领域的两个子品牌。

[⑤] Secure 类卡片指使用了 EMV 芯片或其他同等安全技术的银行卡。

卡片特征和交易场景的细分类别则更加详细。另一方面，按交易资金划转特点，将所有银行卡交易分为两大类，即：信用与延迟借记（credit & deferred debit）、即时借记与预付（immediate debit & prepaid）。

表 3 - 2 和表 3 - 3 分别显示了维萨欧洲在欧洲经济区和非欧洲经济区的消费者卡交易的交换费标准。

表 3 - 2　　　　　维萨欧洲消费者卡交易的交换费标准

（欧洲经济区，2017 年 1 月生效）

银行卡		信用与延迟借记	即时借记上预付
Visa Consumer	非接触低值	0.30%	0.20%
	强化安全		
	非强化安全		
V PAY	非接触低值	n/a	0.20%
	强化安全		
	非强化安全		

资料来源：维萨欧洲网站。

表 3 - 3　　　　　维萨欧洲消费者卡交易的交换费标准

（非欧洲经济区，2017 年 1 月生效）

银行卡		信用与延迟借记	即时借记与预付
Visa Consumer	非接触低值（contactless low value）	0.50%	€ 0.06
	EMV 芯片（EMV chip）		€ 0.15
	强化安全电子商务（secure electronic commerce）		
	电子授权（electronic authorised）	0.60%	€ 0.16
	定期交易（recurring transactions）		
	无卡交易 - CVV2（card not present - CVV2）		

续表

银行卡		信用与延迟借记	即时借记与预付
Visa Consumer	无卡交易 – CNP （card not present – CNP）	0.70%	€ 0.22
	电子数据捕获 （electronic data capture）		
	标准（standard）	0.75%	
	停车场和售卖机 （parking & vending）	0.50%	€ 0.15
	运输 – 非接触低值 （transit – contactless low value）	0.50%	€ 0.06
	运输 – 非接触高值 （transit – contactless high value）		€ 0.15
	航空（airline）	0.75%	不适用
V PAY	非接触低值 （contactless low value）	不适用	€ 0.06
	EMV 芯片（EMV chip）		€ 0.15
	强化安全电子商务 （secure electronic commerce）		
	标准（standard）		€ 0.22

资料来源：维萨欧洲网站。

从维萨美国和维萨欧洲对交换费的定价可以看到：

首先，因应不同经济体（或经济区域）的监管要求，银行卡组织制订了不同的定价方案。截至目前，美国监管部门仅对借记卡（含预付卡）交易的交换费设定了上限规制，是故维萨相应地对受规制的借记卡（含预付卡）交易直接按上限标准统一设定了相同的交换费标准，而对其他不受规制的银行卡交易实行详细的差别定价策略。维萨在欧洲的业务覆盖了欧洲经济区国家和非欧洲经济区国家，其中，欧洲经济区（主体是欧盟）将消费者的借记卡和信用卡交易的交换费率上限分别设定为 0.2% 和 0.3%，因而维萨只是按照上限标准对欧洲经济区内的消费者银行卡交易设定了极为简单的、统一的交换费标准（见表 3 - 2），而在非欧洲经济区则实施了更为细化的差别定价策略（见表3-3）。

其次，银行卡组织对交换费进行差别定价的依据之一是发卡机构业务成本的差异。例如，信用卡交易在持卡人还款前会占用发卡机构资金，并面对欺诈和违约风险，而借记卡和预付卡的交易资金来自持卡人预先存入的自有资金，显然，发卡机构开展信用卡业务的成本高于借记卡和预付卡。若发卡机构弥补信用卡业务成本的主要途径是提高持卡人费用，那么会导致持卡人申请和使用相应银行卡组织品牌信用卡的愿望下降，进而使银行卡组织的信用卡交易转接清算数量下降，平台功能萎缩。因此，银行卡组织设定的信用卡交换费普遍比借记卡和预付卡交换费高出许多，即便是对信用卡和借记卡的交换费均作出上限规制的欧盟，其信用卡交换费率上限也高于借记卡交换费率上限。

最后，银行卡组织对交换费的差别定价中有价格歧视（price discrimination）的成分。通常来说，持卡人仅被收取较少的持卡人费用，甚至是零费用或负费用（以积分奖励等优惠方式），并且同一张卡片不因消费场所不同而被收取不同的持卡人费用；而商户则被收取显著为正的商户费用（内含交换费），并且不同类别的商户受理同一张卡片需要被收取的商户费用（内含交换费）可能存在显著不同。这种普遍的定价策略很大程度上是基于持卡人的用卡习惯和商户受理的多归属性质。大多商户可以受理多个银行卡组织品牌的银行卡，但大多消费者在一段时期内（可能多则数月）通常不会频繁地变换使用不同的银行卡进行支付，而是倾向于黏着地使用某一张卡片①。进而，在这段时期内，这张卡片所属的银行卡组织可被视为垄断了到达这些消费者的接入通道（access），换句话说，商户只有通过该银行卡组织才能接入这些消费者。因此，银行卡组织为鼓励持卡人使用本品牌银行卡而展开激烈竞争，并利用其获得的在持卡人这一边的市场势力（market power）吸引商户的加入，并向商户收取费用以获取利润。

---

① Rysman M. An Empirical Analysis of Payment Card Usage [J]. Journal of Industrial Economics, 2007, 55（1）: 1-36.

银行卡组织在商户一边获取利润的方法之一便是实施价格歧视。尽管处理同类银行卡同等金额交易的成本并无差异，但不同类别的商户对银行卡组织的价值却有不同。举例来说，银行卡组织通常认为超市（supermarket）是高价值商户，原因不仅在于超市拥有巨大的交易量，更在于超市是消费者有规律地、频繁光顾的购物场所，消费者在超市对某品牌银行卡有规律的、频繁的使用，有助于使消费者习惯于使用该品牌银行卡，从而有助于鼓励消费者在其他场合也使用该品牌银行卡，这就提高了银行卡组织平台对其他类别商户的价值，进一步通过具有自我增强性质的双边正反馈效应提高平台对所有用户——包括持卡人和商户——的价值。因此，尽管很多超市最初对受理银行卡支付不感兴趣，或有抵触，但银行卡组织通过对超市受理银行卡交易设定较低的交换费（进而引致较低的商户费用），成功地使大多超市决定受理银行卡，并且对超市收取低交换费的做法延续至今。以维萨美国 2017 年 4 月生效的交换费标准为例，在不受规制的消费者支票卡交易类，超市受理的交换费为每笔交易 0.30 美元，总体处于最低水平；在不受规制的消费者预付卡交易类，超市受理的交换费为"1.15% + 0.15 美元（封顶 0.35 美元）"，同样处于最低水平；在消费者信用卡交易类，由于不受政府规制，定价方案更为细化，但超市受理的交换费总体也处于较低水平。

3.2　交换费定价的理论分析

在 1971 年美国银行卡公司（NBI，维萨的前身）首次设立交换费之后的十年里，外界对于交换费知之甚少。直到 1979 年，National Bancard Corp.（NaBanco）发起了一项诉讼，指控维萨会员银行集体决定交换费时，实施了非法固定价格的行为，对其造成了损害。1986 年，上诉法院的裁决支持了维萨的观点，认为交换费对于维萨这样的双边系统具有潜在的效率利益①。在同一时期，著名的反垄断学者巴克斯特（William Baxter）于 1983 年发表了一篇论文，首次运用产业组织理论对支付卡定价机制进行了规范研究，论证了交换费的经济依据②。该论文后来被视为支付卡经济学的开创性研究。然而，交换费议题在此后的 10 多年里并没有在学界和政策领域引起太多关注，似乎沉寂了下来。

不过，正是在这 10 多年里，银行卡的应用日益普及，在消费领域和支付系统中的重要性日益增长。到 21 世纪来临时，银行卡在很多国家的支付系统中的重要性已相当显著。以 2000 年消费者支出中卡基支付的比重为例，美国为 25%，澳大利亚为 30%，而英国更是高达 35%③。并且，大部分的卡基支付发生在维萨和万事达两大开放式系统内，两大系统又都使用了交换费这一规则，外界对交换费的关注度也随着银行卡支付重要性的提升而增加。另外，随着越来越多的顾客使用银行卡完成消费支付，商户扣率在零售商的成本中所占的比重日益增加，导致一些零售商产生抱怨，并诉诸法律或寻求规制干预，因而引起监管机构和学术界对交换费的日益重视。在此背景下，学术界对交换费的研究兴趣出现了引人注目的增长，成为经济学研究的热点话题。学者们试图解决以下两个基本问题：交换费在银行卡支付系统内扮演什么角色，经济依据何在？私人设定的交换费与社会最优的交换费之间是什么关系？

3.2.1 交换费的功能

巴克斯特（Baxter，1983）的研究首次分析了支付系统的双边性质，在对交换费功能与角色的分析中探讨了系统的可行性问题。尽管他的分析

---

① National Bancard Corporation v. Visa U. S. A., Inc., 596 F. Supp. 1231 （S. D. Fla. 1984），*aff'd*, 779 F. 2d 592 （11th Cir. 1986），*cert. denied*, 479 U. S. 923 （1986）.

② Baxter W F. Bank interchange of transactional paper: Legal and economic perspectives [J]. Journal of Law and Economics, 1983, 26 （3）: 541–588.

③ 资料来源于"Visa International 2001"年报。尽管各国对消费者支出的度量口径并不完全一致，但也足以用来进行相对重要性比较。

基于特别的假设，在某些方面也显得不那么现实，却为人们理解支付卡系统提供了一个崭新的视角，也因此被认为是支付卡经济学的开创性研究。下面就基于巴克斯特（Baxter, 1983）的模型，对交换费在支付卡系统中的功能进行阐释。

假设发卡银行之间、收单银行之间均为完全竞争，也不存在固定成本，每笔银行卡交易的边际成本分别为 c_I 和 c_A。假设所有消费者从每笔银行卡交易中获取的净利益[1]相同，均为 b_B，需要向发卡银行支付的费用为 f。所有商户从每笔银行卡交易中获取的净利益也相同，均为 b_S，需要向收单银行支付的费用为 m，不能对用卡支付收取额外费用。

基于完全竞争假设，有：$f=c_I$，$m=c_A$。

消费者选择用卡支付的条件是：$b_B \geq f = c_I$。

商户选择受理银行卡的条件是：$b_S \geq m = c_A$。

当发卡银行处理银行卡交易的边际成本很高时，有可能出现以下情形：$b_B < c_I$，且 $b_B + b_S \geq c_I + c_A$。在这种情形下，尽管消费者和商户从银行卡支付中获得的联合净利益超过了联合服务成本，但消费者仍将选择使用现金支付。由于消费者没有选择用银行卡支付以最大化双边客户（消费者和商户）的联合剩余，因此也可以说，消费者在客观上对商户施加了负的使用外部性。

如果收单银行向发卡银行支付一笔费用，即交换费 a，并且 $a = b_S - c_A$。那么，发卡银行的边际成本为 $c_I - (b_S - c_A) = c_I + c_A - b_S$，收单银行的边际成本为 $c_A + a = b_S$。由于发卡银行之间、收单银行之间的完全竞争假设，各自边际成本的变动将完全传递给消费者和商户。消费者向发卡银行支付的费用下降为 $c_I + c_A - b_S$，商户向收单银行支付的费用上升为 b_S（正好是商户获得的净利益）。在此情形下，消费者选择用卡支付的条件是：$b_B \geq c_I + c_A - b_S$，即 $b_B + b_S \geq c_I + c_A$。商户在受理现金支付和银行卡支付之间无差异。这样，交换费修正了消费者的使用外部性，达成了社会最

① 净利益（net benefits）指消费者或商户使用支付卡与使用其他支付工具所得利益的差额。

优的银行卡交易量，双边客户的联合剩余实现了最大化。

显然，在巴克斯特（Baxter，1983）的假设条件下，交换费的集体设定并不是市场势力的运用。交换费只是一组完全竞争的收单银行向一组完全竞争的发卡银行进行的一项支付，收单银行因而需要提高向商户收取的费用以弥补该笔支付，发卡银行也需要降低向消费者收取的价格以适应完全竞争。交换费并不影响双边客户（消费者和商户）支付的总价格水平，只是影响了双边客户支付的价格结构。银行卡组织平台使用交换费的目的是纠正因负的使用外部性而导致的市场失灵。巴克斯特（Baxter，1983）的模型有以下两个政策含义：

（1）如果使用卡支付从整体上为社会提供了比现金支付更高的利益，而某一方客户在用卡方面比另一方客户更为勉强，此时便会发生市场失灵。

（2）如果市场失灵来自消费者这一边，那么交换费应该从收单侧流向发卡侧，反之则相反。当发卡银行的成本越高，消费者用卡净利益越低，消费者向商户施加负的使用外部性的概率就越大。因此，有效率的交换费水平可以将这种负的使用外部性内部化，具有改进双边客户集体福利的潜力。

3.2.2 私人设定交换费与社会最优交换费的比较

巴克斯特（Baxter，1983）模型在一个非常简化的框架下解释了交换费的功能，表明交换费只是用来平衡银行卡交易的供给和需求，而不是用于最大化银行的利润。不过，由于其使用的一些假设条件不太符合现实，因而受到了学术界的质疑和挑战。例如，一些大型的发卡银行可能具有市场势力，从而可能通过交换费增加自己的利润，而不将这些利益转移给消费者；消费者同质和商户同质的假设也显得过于简单，因为不同消费者用卡支付的净利益可能不同，不同商户受理卡支付的净利益也可能不同。为了响应反垄断政策和规制政策的需求，后来的学者通过放松巴克斯特

（Baxter，1983）的假设，对私人设定的交换费和社会最优的交换费的关系进行研究。这些研究模型大体可以分为两类：一类是假设消费者的用卡净利益不同，而商户受理卡支付的净利益相同，也就是使用消费者异质和商户同质的不对称假设①；另一类是假设消费者的用卡净利益不同，商户受理卡支付的净利益也不同，也就是使用消费者异质和商户异质的对称假设②。显然，第二类研究更加贴合经济生活的现实，因此，下面着重基于消费者异质和商户异质的对称假设探讨私人设定的交换费和社会最优的交换费之间的关系。

首先作以下假设：

（1）发卡银行和收单银行均面对同行的不完全竞争。

（2）不同消费者从一笔银行卡支付中获得的净利益为 b_B，其分布函数为 $H(b_B)$，该分布函数在区间 $[\underline{b}_B, \overline{b}_B]$ 有一个正的连续可微的密度函数 $h(b_B)$，$b_B^m(f, m)$ 为消费者净利益临界值，满足 $b_B \geqslant b_B^m(f, m)$ 的消费者将用卡支付，否则将用现金支付，消费者对卡支付的需求为 $D_B(b_B^m) = P(b_B \geqslant b_B^m) = 1 - H(b_B^m)$。

（3）商户对不同支付方式（银行卡支付或现金支付）采取相同的商品定价，因此 $b_B^m(f, m) = f(a)$。

（4）银行缺乏足够的信息对零售商的商户费用实施价格歧视。

（5）不同行业的商户各自从受理卡支付中得到的每笔交易净利益为

---

① Rochet J – C & Tirole J. Cooperation among Competitors：Some Economics of Payment Card Associations [J]. RAND Journal of Economics, 2002, 33 (4)：549 –570; Rochet J – C & Tirole J. Platform Competition in Two – sided Markets [J]. Jounal of the European Economic Association, 2003b, 1 (4)：990 – 1209; Guthrie G & Wrigh J. Competing Payment Schemes [J]. Journal of Industrial Economics, 2007, 55 (1)：37 – 67; Wright J. Optimal Payment Card Systems [J]. European Economic Review, 2003a, 47 (4)：587 –612.

② Schmalensee R. Payment Systems and Interchange fees [J]. Journal of Industrial Economics, 2002, 50 (2)：103 – 122; Wright J. Pricing in Debit and Credit Card Schemes [J]. Economic Letters, 2003b, 80：305 – 309; Wright J. The Determinants of Optimal Interchange Fees in Payment Systems [J]. Journal of Industrial Economics, 2004a, 52 (1)：1 –26; Guthrie G & Wright J. Competing Payment Schemes [J]. Journal of Industrial Economics, 2007, 55 (1)：37 –67.

b_s，分布函数为 $G(b_s)$，该分布函数在区间 $[\underline{b}_S,\ \overline{b}_S]$ 有一个正的连续可微的密度函数 $g(b_S)$，$b_S^m(f,\ m)$ 为商户净利益临界值，满足 $b_S \geqslant b_S^m(f,\ m)$ 的产业内商户将选择受理卡支付，否则将拒绝受理卡支付，受理卡支付的商户数量（比例）可以记为 $D_S(b_S^m) = P(b_S \geqslant b_S^m) = 1 - G(b_S^m)$。

基于以上假设，我们有：

发卡银行利润：

$$\pi_I = f(a) + a - c_I \qquad (3-1)$$

收单银行利润：

$$\pi_A = m(a) - a - c_A \qquad (3-2)$$

选择用卡支付的消费者的净利益均值：

$$\gamma_B(b_B^m) = \frac{\int_{b_B^m}^{\overline{b}_B} b_B h(b_B)\,\mathrm{d}b_B}{1 - H(b_B^m)}，对于 b_B^m < \overline{b}_B \qquad (3-3)$$

选择受理卡支付的商户的净利益均值：

$$\gamma_S(b_S^m) = \frac{\int_{b_S^m}^{\overline{b}_S} b_S g(b_S)\,\mathrm{d}b_S}{1 - G(b_S^m)}，对于 b_S^m < \overline{b}_S \qquad (3-4)$$

对于函数式（3-1）~式（3-4），进一步作如下假设：

（6）存在一个区间 $[\underline{a}_B,\ \overline{a}_B]$，满足 $b_B^m(\underline{a}_B) = \overline{b}_B$，$b_B^m(\overline{a}_B) = \underline{b}_B$，$b_B^m$ 和 f①是交换费 a 的连续可微函数，且与 a 负相关。

（7）存在一个区间 $[\underline{a}_S,\ \overline{a}_S]$，满足 $b_S^m(f(\underline{a}_S),\ m(\underline{a}_S)) = \underline{b}_S$，$b_S^m(f(\overline{a}_S),\ m(\overline{a}_S)) = \overline{b}_S$，$b_S^m$ 和 m 是交换费 a 的连续可微函

---

① 根据假设（3），$b_B^m = f$。

数，且与 a 正相关。

（8） $\underline{a}_S \leqslant \underline{a}_B < \bar{a}_S \leqslant \bar{a}_B$ 成立。

（9） 在区间 $\left[\underline{a}_B, \bar{a}_S\right]$[①]， $\pi_I(a) > 0$ 且 $\pi_A(a) > 0$。

（10） 在区间 $\left[\underline{a}_B, \bar{a}_S\right]$ 上存在一个交换费，满足 $\gamma_B(b_B^m) + \gamma_S(b_S^m)$ $> c_I + c_A$。

博弈时序如下：首先，银行卡组织或者政策制定者设定交换费 a；其次，不完全竞争的发卡银行和收单银行分别同时设定交易费用 f 和 m；最后，消费者和商户根据各自的净利益决定是否使用银行卡完成交易。

本部分的分析聚焦于博弈的第一阶段，即交换费的设定问题。为便于比较私人最优（即利润最大化）交换费和社会最优交换费，我们首先考察交易量（产出）最大化的交换费，将其作为一个比较的基准。

3.2.2.1 交易量最大化的交换费

总的卡交易量为：

$$V(b_B^m, b_S^m) = \int_{b_B^m}^{\bar{b}_B} \int_{b_S^m}^{\bar{b}_S} g(b_S) h(b_B) \mathrm{d}b_S \mathrm{d}b_B$$

$$= D_B(b_B^m) D_S(b_S^m) \qquad (3-5)$$

根据假设（6）、假设（7），交易量 V 在区间 $\left[\underline{a}_B, \bar{a}_S\right]$ 连续可微且为正值，超出该区间则交易量 $V = 0$。因此，在区间 $\left[\underline{a}_B, \bar{a}_S\right]$ 必定存在一个交换费（可以记为 a^V）使得交易量 V 最大化。交易量最大化的一阶条件是：

$$\frac{\mathrm{d}V}{\mathrm{d}a} = D_S \frac{\mathrm{d}D_B}{\mathrm{d}a} + D_B \frac{\mathrm{d}D_S}{\mathrm{d}a} = 0 \qquad (3-6)$$

---

① 显然，这是交换费的有效区间。若交换费过低，则消费者需要承担的费用 f 过高，超出了其净利益最高值，则将没有消费者使用银行卡交易。同样地，若交换费过高，则商户需要承担的费用 m 过高，超出了其净利益最高值，则将没有商户受理银行卡交易。换句话说，一旦超出这一区间，银行卡交易便不可能实现。

式（3-6）的含义比较清楚，即：实现交易量最大化的交换费（边际）必须平衡消费者对卡支付需求的增加（产生的卡交易量的增加）与商户受理卡支付的减少（产生的卡交易量的减少）。

3.2.2.2 利润最大化的交换费

银行卡组织可能会试图最大化其成员机构的联合总利润：

$$\prod (b_B^m, b_S^m) = \int_{b_B^m}^{\bar{b}_B} \int_{b_S^m}^{\bar{b}_S} (\pi_I + \pi_A) g(b_S) h(b_B) \mathrm{d}b_S \mathrm{d}b_B$$

$$= (\pi_I + \pi_A) V(b_B^m, b_S^m) \qquad (3-7)$$

根据假设(6)~假设(9)，$\prod$在区间 $[\underline{a}_B, \bar{a}_S]$ 连续可微且为正值，超出该区间则 $\prod = 0$。因此，在区间 $[\underline{a}_B, \bar{a}_S]$ 必定存在一个交换费（可以记为 $a^{\prod}$）使得联合总利润$\prod$最大化。利润最大化的一阶条件为：

$$\frac{\mathrm{d}\prod}{\mathrm{d}a} = (\pi_I + \pi_A)\left(D_S \frac{\mathrm{d}D_B}{\mathrm{d}a} + D_B \frac{\mathrm{d}D_S}{\mathrm{d}a} \right)$$

$$+ V\left(\frac{\mathrm{d}\pi_I}{\mathrm{d}a} + \frac{\mathrm{d}\pi_A}{\mathrm{d}a} \right)$$

$$= 0 \qquad (3-8)$$

对于给定的每笔交易联合利润（$\pi_I + \pi_A$），式（3-8）第一行等同于交易量最大化的一阶条件。对于给定的交易量 V，式（3-8）第二行是每笔交易联合利润最大化的一阶条件。这就表明，联合总利润最大化的交换费需要在交易量最大化与每笔交易利润最大化之间做出权衡。

命题3.1：在交易量最大化的交换费水平，当且仅当收单侧向商户的成本传递高于发卡侧向消费者的成本传递，联合总利润最大化（私人最优）的交换费（$a^{\prod}$）高于交易量最大化的交换费（a^V）；反之则相反。

证明：

交易量最大化的交换费 a^V 满足条件 $D_S \frac{\mathrm{d}D_B}{\mathrm{d}a} + D_B \frac{\mathrm{d}D_S}{\mathrm{d}a} = 0$，将其代入式

$(3-8)$，可得 $\dfrac{\mathrm{d}\prod}{\mathrm{d}a} = V\left(\dfrac{\mathrm{d}\pi_I}{\mathrm{d}a} + \dfrac{\mathrm{d}\pi_A}{\mathrm{d}a}\right)$。

因此，在 $a = a^V$ 时，当且仅当 $\dfrac{\mathrm{d}\pi_I}{\mathrm{d}a} > -\dfrac{\mathrm{d}\pi_A}{\mathrm{d}a}$，$\dfrac{\mathrm{d}\prod}{\mathrm{d}a} > 0$；当且仅当 $\dfrac{\mathrm{d}\pi_I}{\mathrm{d}a} < -\dfrac{\mathrm{d}\pi_A}{\mathrm{d}a}$，$\dfrac{\mathrm{d}\prod}{\mathrm{d}a} < 0$；当且仅当 $\dfrac{\mathrm{d}\pi_I}{\mathrm{d}a} = -\dfrac{\mathrm{d}\pi_A}{\mathrm{d}a}$，$\dfrac{\mathrm{d}\prod}{\mathrm{d}a} = 0$。

可见，在交易量最大化的交换费水平下，如果额外提高交换费带来的发卡银行每笔交易利润的增加额超过其导致的收单银行每笔交易利润的减少额（$\dfrac{\mathrm{d}\pi_I}{\mathrm{d}a} > -\dfrac{\mathrm{d}\pi_A}{\mathrm{d}a}$），那么额外提高交换费将增加联合总利润（$\dfrac{\mathrm{d}\prod}{\mathrm{d}a} > 0$），在此情形下，联合总利润最大化的交换费高于交易量最大化的交换费（$a^\prod > a^V$）。依前文，$\pi_I = f(a) + a - c_I$，$\pi_A = m(a) - a - c_A$。因此，"额外提高交换费带来的发卡银行每笔交易利润的增加额超过其导致的收单银行每笔交易利润的减少额"等价于"收单侧向商户的成本传递高于发卡侧向消费者的成本传递"。反之同理可证。当然，若在交易量最大化的交换费水平下，收单侧和发卡侧向两边用户的成本传递相等，即额外提高交换费带来的发卡银行每笔交易利润的增加额等于其导致的收单银行每笔交易利润的减少额，那么额外提高交换费将既不增加也不减少联合总利润，在此情形下，联合总利润最大化的交换费与交易量最大化的交换费相等。

3.2.2.3 福利最大化（社会最优）的交换费

基于前面的假定，银行卡交易带来的总社会福利可以表示为：

$$W(f,m) = \int_{b_B^m}^{\bar{b}_B} \int_{b_S^m}^{\bar{b}_S} (b_B + b_S - c_I - c_A)g(b_S)h(b_B)\mathrm{d}b_S\mathrm{d}b_B$$
$$= (\gamma_B(b_B^m) + \gamma_S(b_S^m) - c_I - c_A)D_B(b_B^m)D_S(b_S^m) \quad (3-9)$$

根据假设（6）~假设（8），社会福利 W 在区间 $[\underline{a}_B, \bar{a}_S]$ 连续可微，超出该区间则 $W=0$；根据假设（10），社会福利 W 在区间 $[\underline{a}_B, \bar{a}_S]$ 至少有一个正值。因此，在区间 $[\underline{a}_B, \bar{a}_S]$ 必定存在一个交换费（可

以记为a^W）使得社会福利W最大化。福利最大化的一阶条件是：

$$\frac{\mathrm{d}W}{\mathrm{d}a} = D_S \frac{\mathrm{d}D_B}{\mathrm{d}a}(b_B^m + \gamma_S(b_S^m) - c_I - c_A)$$

$$+ D_B \frac{\mathrm{d}D_S}{\mathrm{d}a}(\gamma_B(b_B^m) + b_S^m - c_I - c_A) \qquad (3-10)$$

为便于理解上述条件，考虑交换费的一个微小增加对社会福利的影响。一方面，交换费（a）增加将带来更低的消费者费用（f），有些此前不愿用卡支付的消费者将转而选择用卡支付[1]，交换费增加导致消费者卡支付需求增加（$\mathrm{d}D_B/\mathrm{d}a$），卡交易量增加$D_S$（$\mathrm{d}D_B/\mathrm{d}a$），这些新增卡交易带来的社会福利均值为$(b_B^m + \gamma_S(b_S^m) - c_I - c_A)$，因此，消费者卡支付需求增加而增加的社会福利为上述一阶条件的第一行。另一方面，交换费增加将导致更高的商户费用（m），这会导致此前接受卡支付的某些行业的商户转而拒绝受理卡支付[2]，交换费增加导致受理卡支付的商户数量下降（$\mathrm{d}D_S/\mathrm{d}a$），卡交易量减少（$D_B$（$\mathrm{d}D_S/\mathrm{d}a$）），这些减少了的卡交易使社会福利减少的均值为$(\gamma_B(b_B^m) + b_S^m - c_I - c_A)$，因此，受理卡支付的商户减少而损失的社会福利为上述一阶条件式（3-10）的第二行。由此可见，社会最优的交换费需要平衡消费者用卡决策对社会福利的影响与商户受理决策对社会福利的影响。

命题3.2：在交易量最大化的交换费水平，当且仅当边际卡用户的交易利益与受理商户的平均交易利益之和，高于边际受理商户的交易利益与用卡支付消费者的平均交易利益之和，社会福利最大化（社会最优）的交换费（a^W）高于交易量最大化的交换费（a^V）；反之则相反。

证明：

交易量最大化的交换费a^V满足条件$D_S \dfrac{\mathrm{d}D_B}{\mathrm{d}a} + D_B \dfrac{\mathrm{d}D_S}{\mathrm{d}a} = 0$，将其代入式

（3-10），可得：$\dfrac{\mathrm{d}W}{\mathrm{d}a} = D_S \dfrac{\mathrm{d}D_B}{\mathrm{d}a}((b_B^m + \gamma_S(b_S^m)) - (b_S^m + \gamma_B(b_B^m)))$。

---

[1] 可将这些消费者称为边际卡用户。

[2] 可将这些商户称为边际受理商户。

因此，在 $a = a^V$ 时，当且仅当 $b_B^m + \gamma_S(b_S^m) > b_S^m + \gamma_B(b_B^m)$，$\dfrac{\mathrm{d}W}{\mathrm{d}a} > 0$；当且仅当 $b_B^m + \gamma_S(b_S^m) < b_S^m + \gamma_B(b_B^m)$，$\dfrac{\mathrm{d}W}{\mathrm{d}a} < 0$；当且仅当 $b_B^m + \gamma_S(b_S^m) = b_S^m + \gamma_B(b_B^m)$，$\dfrac{\mathrm{d}W}{\mathrm{d}a} = 0$。

在交易量最大化的交换费水平，如果额外提高交换费，那么总的卡交易量将会减少，但是，如果由此带来的福利的增加额超过其导致的福利的减少额 $(b_B^m + \gamma_S(b_S^m) - c_I - c_A > b_S^m + \gamma_B(b_B^m) - c_I - c_A)$，那么额外提高交换费就将增加总社会福利 ($\dfrac{\mathrm{d}W}{\mathrm{d}a} > 0$)，在此情形下，福利最大化的交换费高于交易量最大化的交换费 ($a^W > a^V$)。其他两种情形可做类似解释。

3.2.2.4 利润最大化的交换费与福利最大化的交换费的偏离

命题 3.1 表明，若交换费变化时发卡银行和收单银行向用户的成本传递不对称，通过限制交易量可以提高联合总利润，则利润最大化的交换费可能高于也可能低于交易量最大化的交换费；若发卡银行和收单银行向用户的成本传递对称，则利润最大化的交换费与交易量最大化的交换费一致。简言之，利润最大化的交换费与交易量最大化的交换费的偏离源自两侧成本传递的不对称。

命题 3.2 表明，若交换费变化引起的"边际卡用户和受理边际卡用户的商户的交易利益"与"边际受理商户与在边际受理商户处购买的用户的交易利益"的变动不对称，通过限制交易量可以提高社会福利，则福利最大化的交换费可能高于也可能低于交易量最大化的交换费；若"边际卡用户和受理边际卡用户的商户的交易利益"与"边际受理商户与在边际受理商户处购买的用户的交易利益"的变动对称，则福利最大化的交换费与交易量最大化的交换费一致。简言之，福利最大化的交换费与交易量最大化的交换费的偏离源自交易利益变动的不对称。

基于命题 3.1 和命题 3.2，利润最大化的交换费可能高于、等于或小于福利最大化的交换费，并且可能带来过多、相同或过少的银行卡交易量。考虑一种可能的情形：$a^V = a^W < a^\Pi$。在这种情形下，利润最大化的交换费高于福利最大化的交换费，两者发生偏离的原因是成本传递的不对称，即收单侧向商户的成本传递高于发卡侧向消费者的成本传递，以至于交换费提高（相对于 a^W）可以增加联合总利润，同时带来了更少的卡交易量。再考虑另一种可能的情形：$a^W < a^\Pi = a^V$。在这种情形下，利润最大化的交换费高于福利最大化的交换费，但两者发生偏离的原因在于交易利益变动的不对称，并且 $b_B^m + \gamma_S(b_S^m) < b_S^m + \gamma_B(b_B^m)$，以至于交换费提高（相对于 a^W）不仅可以增加联合总利润，而且带来了更多的卡交易量。

简而言之，私人最优的交换费与社会最优的交换费可能由于以下两个方面的原因而发生偏离：一是发卡侧和收单侧向客户的成本传递不对称；二是交易利益变动的不对称。在现实的银行卡网络经济活动中，无论是成本传递的完全对称，还是交易利益变动的完全对称，均是小概率事件，因此，私人最优的交换费与社会最优的交换费恰巧达成一致更多的只是一种理论上的可能。然而，两者之间发生偏离的方向并不确定。与社会最优的交换费相比，私人最优的交换费可能偏高，但也可能偏低。从这个意义上来说，出于对私人设定的交换费过高的怀疑而实施的反垄断监管措施或上限规制，在理论上并没有充足的依据。

3.3 典型国家和地区对交换费定价的反垄断与规制监管

正如前面所述，交换费是由银行卡组织集中设定的，这就引发了欧美各国监管机构的注意，即：这种集中定价模式是不是反垄断法意义上的串谋固定价格？银行卡组织自身设定的交换费是否过高因而应该受到规制？本节将探讨在银行卡组织监管领域具有典型意义的美国、澳大利亚和欧盟对交换费定价的反垄断与规制监管。其中，反垄断监管是以反垄断法律为基础、由反垄断执法部门负责，规制监管是以特定行业的规制制度为基础、由特定行业规制机构负责。另外，这里仅讨论经济性规制，不涉及诸如支付安全等社会性规制问题。

3.3.1 美国对交换费定价的反垄断与规制监管

美国银行卡产业的起源可以追溯到 20 世纪 50 年代，在银行卡产业发展的前 20 年时间里基本上不存在重大的反垄断诉讼。然而从 70 年代开始，随着开放式银行卡组织（或称竞合组织）的诞生，银行卡组织在定价行为和业务规则等方面不断面临着反垄断诉讼，这种状况延续至今。

在针对定价行为的反垄断诉讼问题上，最早可以追溯到 1979 年 NaBanco 起诉维萨一案。NaBanco 指控维萨在制定交换费标准过程中存在非法限制价格的集中定价行为，与《谢尔曼法》的"本身违法原则"相违背，同时要求维萨取消固定交换费的方式。维萨对此予以反驳，理由是交换费集中定价有利于提高银行卡组织内部环节的运作效率，普通持卡消费者、特约商户均能从中受益。法院支持了维萨的观点，认为交换费的集中定价行为本身并不一定构成限制竞争，应适用"合理原则"（rule of reason）进行分析，进而最终裁决 NaBanco 败诉①。不过，特约商户对银行卡组织交换费定价行为的诉讼仍然频发。1996 年，以沃尔玛为首的约 400 万家商户联合对维萨和万事达两大银行卡组织提起诉讼，主要是针对借记卡和信用卡的捆绑销售及高成本问题。该诉讼最终于 2003 年在庭外达成和解，维萨和万事达两大银行卡组织同意降低借记卡交换费、取消将信用卡和借记卡捆绑的受理所有卡规则，并向零售商户支付高达 30 亿美元的赔偿金。

2011 年 6 月，美国联邦储备委员会（简称美联储）依照《多德—弗兰克华尔街改革和消费者保护法案》（Dodd – Frank Wall Street Reform and Consumer Protection Act）中的杜宾修正案和消费者保护法发布了借记卡交

---

① 埃文斯，斯默兰. 银行卡时代：消费支付的数字化革命［M］. 北京：中国金融出版社，2006：310 – 312.

换费标准和禁止网络排他性协议和路径限制的监管规则，并于 2011 年 10 月 1 日生效。其中，将发卡机构收取借记卡交换费的上限设定为"每笔交易 0.21 美元 + 该笔交易价值的 0.05%（+ 0.01 美元的反欺诈调整费用）"。该项交换费标准的监管对象是资产规模超过 100 亿美元的银行，而资产低于 100 亿美元的银行可以豁免此项交换费规制。很多大型发卡机构抱怨通过借记卡服务来收取的费用不足以弥补其相应成本，其中一些机构向法院提起诉讼，认为该条款违反宪法，侵犯了大型银行的平等保护权。2015 年 1 月，联邦最高法院支持了美联储关于交换费标准的规则。

3.3.2　澳大利亚对交换费定价的反垄断与规制监管

与美国以反垄断执法机构事后监管为主的模式不同，澳大利亚对银行卡产业采取的是以规制机构事前监管为主的模式，反垄断司法案例较少。目前，关于该领域监管的基础法律依据是 1998 年颁布的《支付系统监管法》〔Payment Systems（Regulation）Act 1998〕，该法赋予了澳大利亚储备银行（简称澳储银行）对银行卡市场的监管权力，具体由澳储银行下设的支付系统委员会（The Payments System Board）负责。

2000 年 10 月，澳储银行和澳大利亚竞争与消费者委员会①联合发布了关于交换费和市场准入的研究调查报告②，从而也为银行卡组织的规制改革埋下了伏笔。2001 年 4 月开始，澳储银行将维萨和万事达信用卡支付系统纳入规制范围。2002 年 8 月，澳储银行制定了针对交换费和反额外收费规则的标准，维萨和万事达两大银行卡组织对此强烈反对，并于同年 9 月向澳大利亚联邦法院提起诉讼，指控澳储银行发布的新规制标准在法律上是无效的。2003 年 1 月和 7 月，澳储银行发布的针对反额外收费规则和

① The Australian Competition and Consumer Commission（ACCC）。

② RBA & ACCC. Debit and Credit Card Schemes in Australia：A Study of Interchange Fees and Access（Oct 2000）.

交换费的标准分别开始生效。2003 年 9 月，澳大利亚联邦法院驳回了维萨和万事达对澳储银行的诉讼。2003 年 10 月，澳储银行对银行卡产业开始实施新的交换费标准，同时要求维萨和万事达两大银行卡组织以成本为基准来制定信用卡的交换费标准，且维萨和万事达信用卡每笔交易的加权平均交换费基准为交易金额的 0.5%。

澳储银行于 2006 年开始将维萨借记卡和本国销售终端电子资金转移系统（Electronic Fund Transfer at Point - of - Sale，EFTPOS）① 也纳入其规制改革计划中，规定自当年 11 月起维萨借记卡每笔交易的加权平均交换费基准为 0.12 澳元，而且必须公布实际借记卡交换费。同时，对本国 EFTPOS 的借记卡连接费用也开始实行价格上限规制，不涉及取现交易的交换费不超过每笔 0.04~0.05 澳元，并且每 3 年审查一次。2009 年，澳储银行修正了 EFTPOS 系统的交换费标准，以使其对 EFTPOS 系统内多边交易的交换费规制更符合借记卡交换费体制。2013 年，澳储银行施行新的 EFTPOS 系统的交换费标准，并要求任何申请在 EFTPOS 系统交易的公司公开其多边交换费。

2015 年，澳储银行开展了银行卡支付规制的评估，在此基础上发布了一份咨询文件，概述了银行卡支付系统相关标准调整的草案，并于 2016 年 5 月发布了关于银行卡支付规制评估的最终结论。其中，关于银行卡交换费规制提出了以下主要建议：借记卡每笔交易的加权平均交换费基准削减至 0.08 澳元；信用卡每笔交易的加权平均交换费基准保持交易金额的 0.5% 不变；同时，加权平均交换费基准分别辅以不同的交换费上限，其中借记卡为每笔 0.15 澳元，如果指定了交换费百分比条款则为 0.2%，信用卡为 0.8%；银行卡组织各自遵守的参照基准由之前每三年重新计算更改为每个季度进行考察；诸如美国运通这类封闭式卡组织的合作卡系统也首次成为规制对象。新的交换费标准于 2017 年 7 月 1 日生效。

① 由澳大利亚的银行所有和运营的一个境内借记卡组织。

3.3.3 欧盟对交换费定价的反垄断与规制监管

与美国和澳大利亚对银行卡产业的监管模式都有所不同，欧盟融合并逐渐建立起了反垄断法基础上的事后监管和规制机构事前监管并用的混合监管模式。在这种模式下，欧盟委员会（European Commission，具体由欧盟委员会竞争总司负责）既可以针对具体的反垄断指控进行调查、做出裁决、对簿法庭①等对银行卡产业竞争秩序进行引导，在认为提供银行卡服务的机构存在滥用市场支配地位侵害公众利益的情形下，也可以进行主动调查或者就相关问题颁布统一政策。

2002 年，欧盟委员会与维萨达成协议，维萨可以获得为期 5 年的欧盟反垄断政策豁免，条件是在这 5 年中将其跨境交易交换费从平均 1.1% 削减至 0.7%。2007 年 12 月，欧盟委员会裁定万事达收取的多边交换费（MIFS）② 违反了竞争法；2008 年 3 月，万事达对欧盟委员会的裁定不服，提起上诉。2009 年 4 月，欧盟委员会和万事达达成临时协议，将万事达信用卡和借记卡的跨境交易交换费费率分别设置在 0.3% 和 0.2% 的平均水平，并于 2009 年 7 月 1 日生效。欧盟委员会也发出声明，初步认定维萨直接制定的多边交换费违反欧盟反垄断规则。2010 年 4 月，维萨欧洲设定消费者即时借记卡交易的加权平均多边交换费率上限为 0.2%。2012 年 7 月，欧盟委员会发出补充声明，认定维萨欧洲设定的多边交换费限制竞争，产生消费者价格上升的压力。

2013 年 7 月，欧盟委员会修改并正式对外公布了一整套关于欧盟域内各国支付服务监管要求的提案（the Second Payment Services Directive）③，提

---

① 此情形发生在当事人对欧盟相关裁决不服并向欧洲法院提起上诉的情况下。

② 维萨和万事达这类开放式银行卡组织最初是成员银行联合成立的协会，改制上市后成员银行是其天然股东，交换费是成员银行经过多边协商后从银行卡组织层面设定的，正是从这个意义上，欧盟称之为多边交换费（multilateral interchange fees, MIFS）。

③ 即对 2007 年版《支付服务指针》（the Payment Services Directive, PSD）的修改建议，也可简称为 PSD2。

案内容包括了对欧盟域内银行卡交换费（跨境和境内）和商户额外收费等方面的监管要求。开放式银行卡组织借记卡和信用卡交易的交换费率上限分别被设定为 0.2% 和 0.3%，并通过两个阶段实施。首先是两年过渡期内，欧盟区内跨境交换费必须执行新标准；过渡期结束后，欧盟各国境内交换费也须执行新标准。2015 年 3 月，欧洲议会（The European Parliament）支持了对交换费的上限规制。2015 年 4 月，欧盟部长理事会（The Council of Ministers）也采纳了对交换费的上限规制，并于 2015 年 12 月 9 日起予以实施。

3.3.4 交换费定价监管的国际比较

对上述典型国家和地区银行卡组织交换费定价的反垄断与规制监管的简明比较见表 3 - 4。下面从监管模式和具体监管政策两个方面进行具体分析。

表 3 - 4   典型国家和地区交换费定价的反垄断与规制监管的简明比较

项目		美国	澳大利亚	欧盟
监管模式	不同	以反托拉斯法律为基础的事后监管为主	以规制机构事前监管为主的模式	竞争法基础上的事后监管和规制机构事前监管并用的混合监管模式
	相同	规制机构事前监管方式均得到了更多重视和运用		
具体监管政策	不同	总体谦抑，仅对借记卡交换费实施上限规制	信用卡、借记卡交换费均受上限规制	早期通过实施积极的反垄断调查限制跨境交易交换费，PSD2（2015）直接对信用卡、借记卡交换费实施上限规制，适用范围从跨境交易扩展到成员国境内交易
	相同	均未禁止交换费集中定价机制，并认可信用卡交换费高于借记卡交换费		

3.3.4.1 监管模式的比较

不同之处。美国采取的是以反托拉斯法律为基础的事后监管为主的模式，由私人部门对银行卡组织发起的私人诉讼案例占有更大的比例；在私人诉讼之外，主要由司法部反托拉斯局（还有联邦贸易委员会）发起反垄断调查和官方诉讼，并没有为银行卡或支付系统设立专门的直接规制机构。澳大利亚采取的是以规制机构事前监管为主的模式，反垄断诉讼案例较少；主要的专责规制机构是澳储银行下设的支付系统委员会。欧盟则融合并逐渐建立起了竞争法基础上的事后监管和规制机构事前监管并用的混合监管模式，欧盟委员会既可以进行反垄断调查和裁决，也可以就相关问题颁布统一政策。

相同之处。澳大利亚率先明确地选择了对银行卡网络等支付系统实施全面的规制机构监管模式，所有关于银行卡组织系统内的定价与纵向限制均直接受澳储银行的监管。欧盟起初以基于竞争法的反垄断调查和裁决为主，后来逐渐增加了对直接规制方式的运用，2007 年出台的 PSD 提出了一整套关于欧盟域内各国支付服务的监管要求，2015 年出台的 PSD2 对诸如交换费、禁止额外收费和禁止引导规则等定价与纵向限制直接设定了监管要求。进一步地，传统上一直对银行卡组织采取以反托拉斯法律为基础的事后监管方式的美国，也于 2011 年由美联储发布并于同年实施了借记卡交换费标准和禁止网络排他性协议和路径限制的监管规则。可见，尽管规制机构事前监管方式在各自银行卡组织监管模式中的地位不同，但在以上三个国家和地区均得到了更多运用。

3.3.4.2 具体监管政策的比较

不同之处。美国法院在 20 世纪 80 年代的 NaBanco 诉维萨案中，确认了交换费集中定价机制的合理性与合法性。尽管自 2005 年以来很多美国商户以银行卡交换费水平过高为由频繁提起诉讼，但是美国法院总体上秉持了谦抑的原则，而美联储等监管机构的沉默也使美国国内的银行卡组织定价机制得以延续，唯一的例外是 2011 年美联储在立法机构要求下对借记卡交换费实施了上限规制。与美国监管层的默许态度相反，自 2003 年起澳大利亚就对银行卡组织的信用卡交换费水平实施上限规制，随后又加入对借记卡交换费的上限规制，并且通过对银行卡支付规制的动态评估，动态地调整交换费标准。欧盟起初是通过对维萨和万事达等银行卡组织发起积极的反垄断调查的方式，迫使两大银行卡组织先后降低跨境交易的交换费水平，2015年正式发布的PSD2则直接对银行卡组织借记卡和信用卡交易的交换费率分别设定了上限，并且上限规制的适用范围从跨境交易扩展到包括成员国境内交易。

相同之处。首先，美国、澳大利亚和欧盟迄今为止均未禁止银行卡组织采取交换费的集中定价机制，而是通过反垄断调查或直接规制方式，抑制交换费水平，试图削弱银行卡组织通过集中定价机制获取超额收益的能力。其次，澳大利亚和欧盟各自设定的信用卡交换费上限均高于借记卡交换费上限，这一通行做法的合理性主要在于信用卡透支功能会占用发卡机构资金，增加发卡机构风险（欺诈和违约），这使得发卡机构的信用卡业务成本普遍高于借记卡业务成本，而作为发卡机构弥补成本及获取合理收益的主要来源，信用卡交换费理应高于借记卡交换费。

3.3.5　交换费定价监管的直接影响

上述典型国家和地区对银行卡组织交换费定价的反垄断与规制监管必然会对银行卡产业产生诸多影响。本节仅从交换费水平和银行卡产品结构两个方面考察交换费定价监管的直接影响[①]。

3.3.5.1　对交换费水平的影响

近十多年来对银行卡交换费水平的监管实践使得很多国家和地区的交换费水平显著下降。如前面所述，根据最新的监管标准，澳大利亚境内的借记卡交换费上限为每笔0.15澳元，若指定交换费百分比条款则为不超过每笔交易金额的0.2%，信用卡交换费上限为每笔交易金额的0.8%；欧盟则将开放式银行卡组织借记卡和信用卡交换费率的上限分别设定为0.2%和0.3%。相比之下，由于美国境内信用卡交换费不受规制，目前主要的银行卡组织采用的信用卡交换费率比澳大利亚和欧盟高出许多。以

---

① 其他影响将在3.4节进行考察。

2017 年 4 月生效的维萨美国信用卡交换费标准为例[①]，尽管根据交易场景和具体支付方式的不同，适用的交换费标准有所差异，但即便是最低标准的信用卡交换费也达到"1.15% + 0.05 美元"这一水平，而最高标准的信用卡交换费甚至达到"2.95% + 0.10 美元"，远在澳大利亚和欧盟的相应标准之上。

进一步地，虽然美联储已对特定的借记卡交易的交换费设定了上限，但考察规制实施以来借记卡交易的平均交换费率（见图 3-1 和图 3-2），可以发现：

（1）无论是单信息网络还是双信息网络[②]，受规制交易的平均交换费率均低于不受规制交易的平均交换费率。

（2）双信息网络条件下，不受规制交易的平均交换费率超出受规制交易的平均交换费率的 1 倍以上，而单信息网络条件下两类交易的平均交换费率差异很小。

（3）在规制实施之初两类网络的受规制交易的平均交换费率大幅下降之后，受规制交易的平均交换费率此后基本保持稳定，银行卡组织对此类交换费的定价基本维持在规制上限水平。

（4）双信息网络的平均交换费率高于单信息网络，自 2012 年以来分别维持在 0.89% 和 0.62% 的水平。显然，美国境内借记卡交易的平均交换费率甚至远超澳大利亚和欧盟分别设定的上限水平。

---

① 参见维萨美国网站：https：//usa. visa. com/dam/VCOM/global/support - legal/documents/visa - usa - interchange - reimbursement - fees - 2017 - april. pdf。

② 根据美联储的官方界定，双信息网络（dual - message network）通常使用相互独立的信息对交易进行授权和清算，并且通常处理签名授权交易；而单信息网络（single - message network）通常使用同一信息对交易进行授权和清算，并且通常处理密码授权交易。维萨和万事达属于双信息网络，而 Interlink 和 Maestro 等则属于单信息网络。

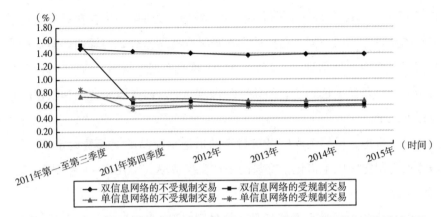

图 3 – 1　2011～2015 年美国借记卡交易的平均交换费率（分网络与受规制与否）

注：2011 年 10 月 1 日，美国生效了对银行卡交换费的规制，故本图将 2011 年前三个季度和第四季度分开研究，以直接反映规制的效果。

资料来源：根据美联储网站数据整理。

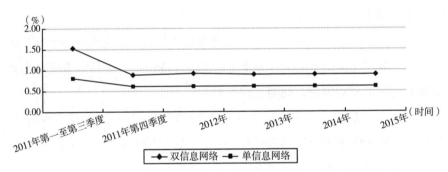

图 3 – 2　2011～2015 年美国借记卡交易的平均交换费率（分网络）

注：2011 年 10 月 1 日，美国生效了对银行卡交换费的规制，故本图将 2011 年前三个季度和第四季度分开研究，以直接反映规制的效果。

资料来源：根据美联储网站数据整理。

3.3.5.2　对银行卡产品结构的影响

正如前面所述，与澳大利亚和欧盟很早就开始积极地干预信用卡和借记卡的交换费定价不同，美国直到 2011 年才首次由美联储对借记卡交换费标准实施上限规制，这一规制甚至受到了一些大型发卡机构的法律挑战①，而信用卡的交换费时至今日在美国仍然不受规制，美国法院对这一问题也秉持着谦抑原则。在交换费定价监管上的这一差异，使得美国、澳大利亚和欧盟的银行卡不同类型产品的发展呈现出不同的特点。一方面，由于借记卡交换费受到规制而信用卡交换费仍然不受规制，美国境内的发卡机构发行信用卡的积极性更高；另一方面，由于信用卡交换费也受到了严格的上限规制，且信用卡业务对发卡机构的风险明显超过借记卡业务，澳大利亚和欧盟境内的发卡机构发行信用卡的积极性较低，其中，欧盟境内信用卡发卡量甚至在考察期内逐年下降（见表 3 - 5）。

表 3 - 5　　2010 ~ 2014 年美国、澳大利亚和欧盟银行卡发卡量　　单位：百万张

地区	银行卡	2010 年	2011 年	2012 年	2013 年	2014 年
美国	借记卡	281. 3	286. 0	290. 8	296. 0	301. 6
	信用卡	857. 3	875. 2	905. 6	917. 4	945. 1
澳大利亚	借记卡	36. 6	37. 3	38. 9	40. 1	41. 3
	信用卡	21. 5	21. 8	22. 0	22. 9	23. 4
欧盟	借记卡	551. 4	551. 9	579. 9	609. 4	564. 8
	信用卡	242. 5	229. 6	228. 4	219. 0	216. 1

资料来源：CPMI Red Book 和 The Nilson Report。

3.4　典型国家和地区规制交换费的背景、动机及其评价

3.4.1　美国规制交换费的背景、动机及其评价

3.4.1.1　美国规制交换费的背景与动机

正如 3.3.1 提到的，美国的特约商户对维萨和万事达交换费的抱怨由来已久，而借记卡交换费水平也伴随着 21 世纪以来借记卡使用的快速普

---

① 尽管这一挑战没有得到联邦最高法院的支持。

及而出现了上升，这导致商户与银行卡组织之间的紧张关系加剧（Hayashi，2012）。商户们声称，由于交换费上升而增加的商户费用增加了商户的成本，并且商户可能通过提高产品和服务的价格将部分成本转嫁给消费者，从而也降低了消费者福利；而银行卡组织和发卡银行利用部分商户费用收入维持那些低效率的支付方式，也降低了支付系统的效率。银行卡组织和发卡银行的立场则正好相反，它们认为降低商户费用将导致发卡银行提高持卡人费用，商户也不太可能因成本下降而降低产品或服务的零售价格，因此消费者福利必定会下降；此外，发卡银行促销借记卡的积极性将会下降，消费者很可能转向更多使用诸如支票一类的低效率支付方式，支付系统的整体效率因而也会降低。

2008 年金融危机爆发后，美国众议院、参议院和行政机构开始考虑通过立法实施金融监管改革。2009 年 12 月，众议院投票通过了一份由议员弗兰克（Barney Frank）牵头的提案。在众议院关于金融改革的辩论和这份众议院提案之中并未提及交换费。2010 年 5 月 7 日，就在参议院准备就参议员多德（Dodd）牵头提交的金融改革立法提案投票表决前，参议员杜宾（Durbin）提交了一份对该提案草稿的修正案，要求规制借记卡交换费，并将这份修正案正式提交给参议院。在与潜在的支持者协商之后①，一份最终的修正案于 2010 年 5 月 13 日提交给参议院表决，并最终以 64 票赞成、33 票反对而获得通过，成为多德提案的组成部分。2010 年 5 月 20 日，参议院的金融改革立法提案以 59 票赞成、39 票反对获得通过。其后，众议院的金融改革提案与参议院的金融改革提案被融合起来，命名为《华尔街改革和消费者保护法案》（Wall Street Reform and Consumer Protection Act），也被称为《多德—弗兰克法案》（the Dodd – Frank Act），杜宾修正案位在其中的《Section 1075》。2010 年 7 月 21 日，《多德—弗兰克法案》正式获总统奥巴马签署成为法律。

《多德—弗兰克法案》要求美联储规制交换费的数额，并给出了时间

---

① 在相关协商中，资产规模低于 100 亿美元的银行得以豁免交换费规制。

表：2011 年 4 月 1 日前宣布最终的监管规则；2011 年 10 月 1 日前实施交换费规制。2010 年 12 月 16 日，美联储公布了首份规则草案，提出了每笔借记卡交易 12 美分和每笔借记卡交易 7 美分（符合条件则 12 美分）这两个交换费上限规制方案，分别较 2009 年平均每笔借记卡交易 44 美分的交换费下降 73% 和 84%。此后正式印刷该草案进入公众咨询。根据以往经验，美联储一旦采纳了某种规则，很少会对其做出重大修改。在一些案例中，美联储给出两种以上规则，然后从中选择一个作为最终方案。然而，2011 年 3 月 29 日，美联储宣布需要更多时间确定最终规则，无法满足《多德—弗兰克法案》的期限要求。在此期间，参议院内部出现了要求撤销、修改或者推迟实施杜宾修正案的意见。2011 年 6 月 8 日，由参议员考克（Corker）、泰斯特尔（Tester）发起的要求推迟一年实施杜宾修正案的提案在参议院表决，因未达到参议院规则要求的 60 票赞成（表决结果为 54 票赞成、45 票反对）而未获通过。此后，各界关注的焦点主要集中在美联储将选择哪个规制方案；与此同时，也有一些观点认为最终方案可能会提高交换费上限，部分意见认为可能提高到每笔借记卡交易 20 美分。2011 年 6 月 29 日，美联储召开了公开会议，公布了最终的监管规则，并获表决通过。该规则将交换费上限设定为大约每笔借记卡交易 24 美分，较 2009 年平均每笔借记卡交易 44 美分的交换费下降 45%，与当时的密码借记卡交换费水平大致相当，因此这一规则主要是要求降低签名借记卡的交换费。

回顾美国对借记卡交换费实施上限规制的背景和立法过程，可以看到：一方面，交换费规制供给的动机名义上是为了增进消费者福利[1]，提高支付系统效率；另一方面，交换费规制的需求却不是来自消费者，而是来自商户。这就出现了一个很有意思的现象：立法机构和规制机构是响应了来自"商户的诉求"，对交换费实施了上限规制，而目的却是为了增进"消费者福利"，提高支付系统效率。

---

[1] 就像商户所宣称的那样，交换费下降可以相应降低商户的成本，从而商户可以将成本下降的好处通过更低的商品价格转移给消费者。

3.4.1.2　对美国规制交换费的评价

杜宾修正案提出的对借记卡交换费的规制是否真的可以增进消费者福利？这需要对以下两个方面进行考察：一是在交换费下降带来商户服务费用下降的条件下，商户可能在一定程度上以商品价格下降或改进服务的方式将成本下降的好处转移给消费者；二是在交换费下降导致发卡机构业务收入下降的条件下，发卡机构也可能在一定程度上以持卡人费用上升或弱化服务的方式将收入下降的损失转移给消费者。前者提升消费者福利，后者降低消费者福利，因而交换费上限规制对消费者福利的影响取决于这两者的比较。显然，通过直接度量成本（收入）传递比率来判断消费者福利的变化非常复杂，也可以说是不切实际的。一个替代的方法是考察交换费下降对商户和发卡银行利润的影响。若交换费下降导致发卡银行利润的下降额低于商户利润的增加额，表明发卡银行向消费者的成本传递比率高于商户向消费者的成本传递比率，则消费者的福利被削弱。

埃文斯等（Evans et al.，2013）运用事件研究法（event study）测度交换费规制对零售商和银行利润的影响，以绕开直接度量成本传递比率存在的诸多问题[①]。运用事件研究法的一个关键是将"事件"的影响和其他因素变化的影响分离。在有效市场假设条件下，当信息披露对投资者和股价产生的影响均发生在一个很短的窗口期（window）[②]，将有利于事件研究法的运用。基于这一标准，埃文斯等（Evans et al.，2013）将分析聚焦在两个关键的事件上，一是 2010 年 12 月 16 日美联储公布首份规则草案，二是 2011 年 6 月 29 日美联储公布最终规则[③]。研究发现，零售商向消费者的成本传递比率介于 49% ~ 53%，而银行向消费者的成本传递比率约为80%，这与此前的相关文献的结论大体一致。

---

① Evans D S, Chang H & Joyce S. The Impact of the US Debit – card Interchange Fee Regulation on Consumer Welfare. Coase – Sandor Institute for Law and Economics Working Paper, 2013, No. 658.

② 这就限制了影响股价变动的其他可能来源。

③ 这两个事件发生前没有可识别的信息泄漏，也没有被任何观察人士成功预测到。因为两份规则方案均与各自公布前公众的普遍预测有大幅的偏离，事件发生后美国媒体和分析家们所表现出来的惊讶态度也印证了这一点。

事实上，有大量的证据表明，出于对交换费规制的预期、交换费上限规制宣布后以及交换费上限规制实施后，银行整体上提高了持卡人的费率，降低了服务质量。Bankrate.com 在其 2012 年的支票账户调查中发现，几乎所有类型的支票账户的费用在 2011 年都上升，免费支票账户的比例从 45% 下降到 39%，避免收费要求的最低余额平均值上升了 23%。齐维基等（Zywicki et al.，2014）的研究也发现，受规制的银行通过一些不那么直接的方式弥补它们的交换费损失，特别是降低免费活期账户的可得性[1]。2009～2013 年，提供免费活期账户的银行数量下降了 50%；2009～2012 年，免费活期账户要求的月度最低余额从大约 250 美元上升到超过 750 美元；2009～2013 年，收费活期账户的平均月费从大约 6 美元上升到超过 12 美元。持卡人费用增加和免费活期账户可得性的下降，导致那些主要来自低收入家庭的无银行账户人口增加了大约 100 万。尽管零售商可能将成本下降的部分好处转移给消费者，但远不及银行费用上升和服务质量下降对消费者造成的损害。根据埃文斯等（Evans et al.，2013）的研究，杜宾修正案的引入已经给消费者造成了折现值介于 220 亿～250 亿美元的净损失。

综上所述，由于对交换费规制的需求主要来自商户，那么规制的受益者首先是商户自身才比较合乎逻辑。交换费下降的直接影响是银行向商户的收入转移，并且没有理由相信商户会将其得益全部转移给消费者，或者银行会将其损失全部由自己消化。而从事实上看，商户向消费者转移的收入远不足以补偿银行向消费者转移的成本，消费者的福利状况恶化了。可见，无论从逻辑上还是从事实上看，交换费规制的实质是消费者和银行向商户的财富转移，而这显然与美国立法机构和规制机构的宗旨和初衷[2]并不一致。

此外，美国的交换费上限规制还存在其他值得注意的问题，具体如下：

---

[1] Zywicki T J, Manne G & Morris J. Price Controls on Payment Card Interchange Fees: The US Experience. International Centre for Law & Economics, 2014.

[2] 如果我们相信其初衷的话。

（1）从受规制的卡种来看，只有借记卡的交换费受到上限规制。虽然商户受理借记卡的积极性因此得到提升，但正如前面所阐述的，消费者使用借记卡的成本整体提高了，这就导致消费者对支付卡的使用更多地转向了信用卡和预付卡。这种规制客观上将为仅从事信用卡业务的封闭式银行卡组织人为地构建相对于从事多样化银行卡业务的开放式银行卡组织（主要是维萨和万事达）的不对称优势。

（2）从受规制的银行来看，资产规模低于100亿美元的银行不受规制，客观上为规模较小的银行营造了相对于受规制银行的不对称优势。在2009年和2013年间，那些不受交换费规制的银行的免费银行业务增加了①。

（3）从受益的商户来看，大多数大型零售商的成本显著下降②，而小型商户的商户扣率没有出现任何下降，例如，从事小额票务交易的商户因为银行卡组织取消此前的折扣而导致其交换费实际上增加。从总体上来看，交换费上限规制的主要受益者是大型零售商（及其股东）。

3.4.2 澳大利亚规制交换费的背景、动机及其评价

3.4.2.1 澳大利亚规制交换费的背景与动机

1996年，澳大利亚政府设立了金融系统调查机构（the Financial System Inquiry，FSI），即沃利斯委员会（the Wallis Committee）。作为澳大利亚金融系统评价的一部分，FSI着重评价澳大利亚支付系统的效率和治理状况。FSI（1997）③强烈提倡电子支付对纸基支付的替代，认为这可以带来显著的效率收益。然而，尽管借记卡和信用卡组织提供了电子支付服务，但FSI（1997）认为当时产业内的一些协议对支付系统的效率具有潜在的负面影响。其中，特别指出了以下几点：信用卡从价交换费的使用

---

① Zywicki T J, Manne G & Morris J. Price Controls on Payment Card Interchange Fees: The US Experience. International Centre for Law & Economics, 2014.

② 大型零售商也是积极呼吁交换费规制的主力。

③ Financial System Inquiry Final Report（1997）。

意味着向消费者提供这种支付机制的成本可能非常高，而且这种成本不透明，最终以更高的商品价格被消费者承担；对信用卡和借记卡交换费的关注已经越来越高；主要的收单机构和发卡机构在交换费上的相对议价能力不对等，区域性银行很难作为收单机构接入借记卡网络。不过，FSI 的报告因为缺乏充足的数据而无法得出任何结论。相反，FSI 建议澳储银行内部新设一个支付系统委员会，交换费的相关问题交由该委员会和澳大利亚竞争与消费者委员会（ACCC）评估。

作为对 FSI（1997）的响应，1998 年澳大利亚引入了新的金融规制框架，两个机构被赋予对支付系统的竞争和接入的规制责任。具体来说，澳储银行的支付系统委员会被明确授权促进支付系统的竞争和效率，并要符合金融系统稳定的总体要求；ACCC 则需长期介入零售支付协议的分析，以及处理可能违反《贸易实践法（1974）》（Trade Practices Act 1974）的合作协议。澳储银行和 ACCC 各自的职责通过彼此达成的谅解备忘录①相互协调。此外，商户当时已经向澳储银行和 ACCC 表达了他们的关切，指出信用卡组织对会员的限制使他们在议价时处于比借记卡交易时更加不利的位置；一些金融机构认为借记卡交换费使得较小的新玩家很难进入这块业务，具有反竞争效果；支付系统委员会 1999 年年报中披露的初步调查认为，信用卡交换费协议也许正在鼓励人们使用相较于其他支付工具效率更低的信用卡。

在上述背景下，支付系统委员会和 ACCC 于 1999 年 9 月共同宣布开展一项针对借记卡和信用卡交换费以及信用卡组织会员准则的联合研究。2000 年 10 月，联合研究的成果报告 "Debit and Credit Card Schemes in Australia：A Study of Interchange Fees and Access" 公开发布。报告认为，与使用 EFTPOS 借记卡进行交易相比，使用信用卡进行交易会显著消耗更多的资源（例如显著的社会成本）。澳储银行据此断言，使用信用卡替代储蓄卡的激励会导致经济效率低下。在不对信用卡交易额外收费的情况

---

① 该谅解备忘录于 1998 年 9 月公布。

下，消费者有动机使用信用卡完成原本也可以由借记卡完成的交易，因为消费者虽然支付相同的价格，但是当使用信用卡时可以在免息的基础上延迟一段时间支付，并能得到其他收益（如奖励积分）。进一步地，交换费加剧了消费者选择支付方式所感知到的价格信号的扭曲，因为来自交换费的收入有助于信用卡发卡机构向消费者提供免息期和奖励积分等优惠。澳储银行还认为，支付卡组织之间的竞争只会使问题变得更加糟糕，因为在商户受理决策对商户服务费并不敏感的环境下①，开放式银行卡组织之间出于彼此间竞争的需要，可能将更高的交换费作为一种工具，劝诱发卡机构发行和促进其各自银行卡品牌的使用。基于以上理由，澳储银行认定交换费和支付卡行业的其他行为正在降低澳大利亚支付系统的效率，从而导致市场失败，因此，应该对支付卡行业进行干预，这正是澳大利亚对交换费（以及支付卡行业其他行为）进行规制的理由和基础。

3.4.2.2 对澳大利亚规制交换费的评价

自 2003 年澳储银行对支付系统（包括交换费）正式开始规制以来，对于规制的实际效果一直存在争议。2008 年 4 月，澳储银行发布了一份有关规制影响的初步结论报告 "Reform of Australia's Payments System: Preliminary Conclusions of the 2007/08 Review"，并邀请公众参与评论。2008 年 9 月，澳储银行发布了最终的结论报告 "Reform of Australia's Payments System: Conclusions of the 2007/08 Review"，其中部分回应了对于初步结论报告的质疑。澳储银行认为支付系统的规制改革已经达成其主要目标，包括改进澳大利亚支付系统的价格信号、增加透明度、促进行业进入以及创造一个基础更加健全的竞争环境，并据此认为改革促进了竞争、提高了支付系统的效率，从而有利于优化总体资源配置、提高社会福利②。然而，澳储银行并未能提供充足的证据支撑其观点。例如，澳储银行没有提供可

---

① 澳储银行认为澳大利亚的商户就是如此。

② Reserve Bank of Australia. Reform of Australia's Payments System: Preliminary Conclusions of the 2007/08 Review [R]. 2008b.

靠的方法和数据证实社会福利因交换费规制而得到改进。此外，澳储银行认为商户已经通过更低的商品价格将商户服务费成本的下降转移给消费者，但同样无法提供有力的论据，只是在初步结论报告的第 23 页用了这样一段更像是阐述其信念的表述，"尽管很难度量，但委员会仍然认为大部分节约的成本已经被或者说最终将被转移给消费者。这一判断与标准的经济学分析一致，即商业成本的变化将在其收取的价格中得到反映"。

可以确定的是，商户服务费确实因交换费规制而大幅降低了。商户们积极游说希望进一步减少交换费或者完全取消交换费，这种行为强烈地表明，商户至少是交换费规制的实际受益者之一。与此同时，无论是商户还是澳储银行，却没有提供有力证据表明商户已经以更低的商品价格或者更好的服务将成本下降的好处转移给了消费者。而在另一方面，由于交换费收益的下降，发卡银行提高了持卡人费用，降低了奖励计划的价值，并且交换费规制导致发卡机构盈利能力下降，打击了它们投资于新类型的银行卡和开展支付系统创新的动机，从而发卡银行对交换费规制做出的反应在每一个方面都对消费者不利。因此，尽管商户因交换费规制而显著得益，但消费者的利益显然受到了损害。交换费规制导致财富重新分配，有利于商户，而不利于消费者。进一步地，在支付系统引入的规制（包括交换费规制）给市场参与者带来了投资回报的不确定性，从而抑制了相关投资决策，特别是对创新的投资①。

我们认为，首先，澳储银行发起交换费规制的基本依据不充分。正如前面所述，支付系统委员会和 ACCC 于 2000 年联合发布的研究报告认为，比起用 EFTPOS 借记卡进行的交易，使用信用卡进行交易会显著消耗更多的社会资源。具体来说，该报告在第 76 页 "表 7.1 支付网络的成本" 中对信用卡和借记卡交易的成本进行了测算和比较，据此认为信用卡交易的成本远高于借记卡交易的成本，因而其经济效率更低。即便假定这一成本

---

① CRA International. Regulatory intervention in the payment card industry by RBA：Analysis of the evidence［R］. 2008.

测算是准确的①，仅从成本方面判定产品或服务的经济效率而完全忽略其社会效益显然也是非常片面的。信用卡和借记卡是两种截然不同的支付媒介，前者具有后者所不具备的透支消费的信用功能，这一功能与普通的银行信贷服务在本质上相通但却更加便捷，对于消费者收支的跨期平衡、稳定和促进消费具有积极意义。澳储银行只考虑社会成本而无视社会收益的经济效率比较方法显然是不科学的。进一步地，澳大利亚官方基于自身对不同产品或服务的认识而实施相应的干预措施，直接选择具体产品的类型，这是试图以政府权力直接干预产品多元化发展方向，降低了消费者选择多元化产品的机会，这种对微观经济生活的干预实属过度，无助于提高经济效率和消费者福利。

其次，澳储银行有关"商户将成本节约转移给消费者"的结论是基于两个并不坚实的前提：一是澳大利亚的零售业是一个竞争性产业，然而，澳大利亚零售业的许多部门实际上并不是高度竞争的，相反，其集中程度很高，例如，澳大利亚最大的两个食品零售连锁品牌伍尔沃斯（Woolsworth）和科尔斯（Coles）占据了超级市场80%的销售份额，食品零售业的集中程度位居世界前列②；二是经济学理论表明竞争性产业将会向客户转移节约下来的大部分或者全部成本，然而，经济学理论发现完全的转移（或传递）仅在非常特定的条件下才会出现，即必须满足单位成本为常数，且完全竞争，否则经济学理论并不能给出明确的预期③。

最后，从根本上来说，澳储银行的交换费规制是建立在以传统的单边型企业为分析对象的经济学理论之上。将单边逻辑直接应用于银行卡支付系统的表现之一，是将成本作为定价的主要依据，前面引用的"这一判断与标准的经济学分析一致，即商业成本的变化将在其收取的价格中得到反

---

① 实际上，一些研究已经明确质疑了其成本测算方法，参见：CRA International. Regulatory intervention in the payment card industry by RBA：Analysis of the evidence［R］. 2008。

② Stuart Alexander. Australian Market［EB/OL］. http：//www. stuartalexander. com. au/aust_grocery_market_woolworths_coles_wholesale. php，2015 – 04 – 23.

③ Evans D S，Chang H & Joyces. The Impact of the US Debit – card Interchange Fee Regulation on Consumer Welfare. Coase – Sandor Institute for Law and Economics Working Paper，2013，No. 658.

映"这一表述充分反映了澳储银行交换费规制的单边逻辑。然而，本书第2章已经阐明，银行卡组织是典型的双边平台型企业。双边平台型企业对两边用户定价的影响因素除了成本、需求价格弹性等因素以外，还有非常重要的双边间交叉网络外部性的相对强度[①]，这是双边平台型企业的"双边"属性决定的。设计合理的定价结构是帮助平台起飞和获得成长的最为关键的基础性决策。同时，平台对双边用户的定价能力受到交叉网络外部性的约束，必须小心翼翼地平衡双边客户的需求，对任何一边的不当高价，都可能因交叉网络外部性的强化而使平台陷入螺旋式的恶性循环，最终因平台交易量加剧萎缩而陷入困境。因此，任何基于单边逻辑而进行的反垄断或规制行动（如澳大利亚的交换费规制）首先在经济学理论基础上就是站不住脚的。

3.4.3 欧盟规制交换费的背景、动机及其评价

3.4.3.1 欧盟规制交换费的背景与动机

前面已述，欧盟起初是以基于竞争法的反垄断调查和裁决为主对跨境交易交换费予以限制，2007 年以后相关反垄断调查变得更加频繁，2015年以后正式对欧盟域内跨境交换费实施上限规制，并将适用范围从跨境交易扩展到成员国境内交易。回顾欧盟对交换费的监管历史，可以发现其监管方式的转变发生在更为宏观的背景之下，即欧盟寻求创建一个一体化的支付市场，即单一欧元支付区（Single Euro Payments Area，SEPA）。

欧盟认为，支付市场的一体化具有显著的经济效益。若能建成单一欧元支付区，那么域内各国之间的跨境电子支付都将与各国境内的电子支付一样方便和快捷，而且无须承担额外的跨境支付费用，域内所有民众和在

---

① 众多双边市场经济学文献对此已有充分的论证，部分可参见 Rysman M. The Economics of Two-Sided Markets ［J］. Journal of Economic Perspectives，2009，23（3）：125 – 143；Wright J. One-sided logic in two-sided markets ［J］. Review of Network Economics，2004b，3（1）：44 – 64。

欧盟范围内运营的跨国公司都将从中受益。当时的一项为欧盟委员会所做的研究认为，如果将信用转账、直接借记和支付卡完全迁移至 SEPA 框架下，在 6 年时间内能够产生的直接和间接经济效益将高达 3600 亿欧元①。基于以上认识，2007 年 11 月，欧盟委员会正式颁行《支付服务指针》（PSD），着力消除创建单一支付市场的法律和技术障碍，从而为创建一体化的支付市场构建了协调一致的法律框架。2008 年 1 月，以《支付服务指针》为主要的法律基础，SEPA 泛欧支付工具（SEPA pan – European payment instruments）开始运营。由于支付卡是欧盟域内应用最为普遍的非现金支付工具②，因而在《支付服务指针》颁行后支付卡产业受到的关注与日俱增，相关反垄断调查变得更加频繁，针对交换费的相关案例的一个共性就是着力限制欧盟域内跨境交易（而不是各国境内交易）的交换费，显然是服务于建立单一欧元支付区的需要。

时至 2014 年 8 月 1 日，欧盟内部市场正式推行单一欧元支付区转账模式和直接借记模式，被认为是取得了里程碑式的进展。但是，由于当时银行卡支付、互联网支付和移动支付的一体化市场还没有真正建成，欧盟委员会着手对 2007 年版的《支付服务指针》（PSD）进行了修改，修改后的《支付服务指针》（PSD2）于 2015 年 12 月 9 日起正式实施，首次对信用卡、借记卡跨境交易的交换费实施直接的上限规制，并要求欧盟各国境内交换费在两年后也执行新标准。

也就是说，欧盟对交换费采取的监管措施长期以来都是针对银行卡的"跨境交易"展开的。这就非常清晰地表明，无论是《支付服务指针》修订前对跨境交易交换费发起的频繁的反垄断调查，还是《支付服务指针》

---

① Capgemini. SEPA：potential benefits at stake ［R］. http：//ec. europa. eu/internal_market/payments/docs/sepa /sepa – capgemini_study – final_report_en. pdf，2014 – 10 – 27。相关研究还可参见：Schmiedel H. The Economic Impact of the Single Euro Payments Area. ECB Occasinal Paper Series，2007，No. 71；Bolt W，Schmiedel H. SEPA，Efficiency，and Payment Card Competition. DNB Working Papers，2009，No. 239 等。

② 除支付卡外，信用转账（credit transfers）和直接借记（direct debits）也是较为普遍的非现金支付工具，参见：European Central Bank，Payment Statistics，Data as of September 2012。

修订后对跨境交易交换费实施的直接上限规制，在总体上首先都是服务于建立单一欧元支付区的战略需要①。

3.4.3.2 对欧盟规制交换费的评价

尽管欧盟对交换费的监管（上限规制及反垄断调查）实际上是出于建立单一欧元支付区的宏观战略需要，但欧盟却从未明确地以此作为监管理由。在 2013 年发布的欧盟的官方文件"EC Impact Assessment"中有这样一段表述，"在支付卡领域，有一些限制性的商业规则和行为导致了无效率的竞争状态。这种无效率的竞争状态导致了次优的市场结果和更高的卡支付价格，最终将在更高的商品和服务价格上得到反映"，"至于交换费，欧盟委员会相信，银行卡组织为了吸引发卡银行而展开的竞争导致了更高的交换费，从而导致更高的商户服务费，并最终转移给了消费者。欧盟委员会认为这阻碍了卡支付市场的有效竞争，这正是实施规制干预的理由"。

从官方语言来看，欧盟委员会是以交换费具有"反竞争"（reverse competition）效果作为对其进行监管的直观理由。欧盟委员会似乎觉得银行卡组织可以为了发卡银行肆意提高交换费而不受到交叉网络外部性的制约，这种与澳储银行无异的单边逻辑违背了双边市场理论的基本常识，同样缺乏说服力。前面有关澳储银行规制逻辑的分析对此已有阐述，此处不再重复论证。同样地，欧盟无法提供任何证据表明交换费下降后商户将成本节约的利益转移给了消费者。以欧盟成员国西班牙为例，自 2003 年起西班牙启动对交换费的上限规制，但没有证据表明商户以商品价格下降的形式将节约的商户服务费转移给了消费者；相反，发卡银行对持卡人收取的费用却有明显的上升，因此消费者的利益整体上受到了损害②。显然，欧盟以反竞争效应作为交换费监管的理由，不仅理论依据存在问题，而且没有得到事实证据的支持。我们认为，欧盟以反竞争效应作为交换费监管

① 这种战略需要不仅是经济层面的，也是政治层面的，总体上服务于欧盟的政治经济一体化。

② Europe Economics Chancery House. The Economic Impact of IF Regulation [R]. www. europe-economics. com, 2014 -03.

的理由，如果不是因为其对双边市场理论的认识不足，就是由于直接以宏观战略需要作为对具体产业进行微观经济干预的理由显得十分牵强，过度干预的色彩过于明显。

客观地看，欧盟基于反竞争理由发起的交换费监管在支付卡产业内部产生的效果极可能是负面的。不过，从更为宏观的角度分析，由于欧盟由若干主权国家组成，其中除了英、法、德、意①具有较大经济规模，其他成员国经济规模普遍较小，若能在欧盟范围内建立起单一欧元支付区，将有利于降低个人和公司的跨境支付成本，提高跨境支付效率，在欧盟范围内充分利用规模经济性，推进欧盟经济一体化。由于支付卡是欧盟域内使用最为普遍的非现金支付工具，因此，对支付卡产业的一体化监管对于单一欧元支付区的构建意义重大，而降低跨境交换费、消除跨境交换费的国别差异当是其中必要的一环。

尽管交换费监管对于构建单一欧元支付区、提高欧盟域内支付系统的效率、充分利用规模经济具有的积极意义值得肯定，但也绝不应忽视支付卡产业本身受到的负面影响，尤其是相关监管在很大程度上阻碍了欧盟域内新的银行卡组织的诞生和运营，阻碍了欧盟域内银行卡清算市场的进入。泛欧支付系统建设的挫折经历清楚地揭示了这一点。

受中国银联创立和发展的启发，欧盟委员会一直以来也试图建立一个泛欧支付系统，并希望其能够逐步提升在全球的影响力。实际上，倘若放眼全球各主要大国，美国、中国、日本和俄罗斯都有根植于其国内的大型支付系统，并且这些支付系统也各自在全球范围内拓展其境外业务，而欧盟作为经济总量与美国相当的超大型经济区域，希望拥有根植于其域内的大型泛欧支付系统也是非常自然而合理的，也有利于维护欧盟自身支付系统的独立性和安全性。

早在 2010 年前几年，几家银行集团就开始考虑创建泛欧支付系统。

---

① 2017 年 3 月 16 日，英国女王伊丽莎白二世批准"脱欧"法案，授权时任首相特雷莎·梅正式启动脱欧程序。

当时拟建的支付系统包括欧洲支付机构联盟（European Alliance of Payment Schemes，EAPS）、莫内项目（the Monnet Project）和 PayFair。其中，莫内项目的经历非常具有反思价值。创建一个泛欧银行卡支付系统的想法起源于 2008 年左右。2010 年，一些银行在西班牙马德里会面讨论这一倡议，并制订计划予以推动。到 2011 年，莫内项目已经开发了详细的技术和商业计划以启动泛欧支付系统。当时，这一项目涵盖了来自 7 个欧盟国家的 24 家银行①。然而，即便是这一新系统的支持者，也不相信他们能够发展出一个不包括具有经济意义②的交换费的可行的商业模型。他们将这一关切反映给了欧盟委员会。然而，欧盟委员会并不容忍任何支付系统（即便是一个新的进入者）的交换费超过欧盟委员会所追求的低水平。由于发卡银行缺乏一个明确的收益流，莫内项目无法继续向前推进。最终，由于缺乏可行的商业模型，该项目于 2012 年 4 月终止。与此同时，EAPS 和 PayFair 也没有在欧洲产生很大影响。EAPS 是欧洲多国境内独立支付卡系统的一个联盟，根据欧洲央行的要求，其成员系统的数量已由 6 个减少到了 3 个。然而，他们的网页在 2012 年以后再没有提供任何商业活动的信息。PayFair 由业内人士于 2007 年发起，试图发展一个泛欧支付系统，但同样没有取得什么实质进展，在欧盟范围内寂寂无闻。

从目前来看，建立泛欧支付系统的几个尝试要么已经宣告失败，要么就是名存实亡。导致这些挫败的直接的、主要的、共同的原因，就是这些拟建中的支付系统在欧盟对交换费的监管之下无法发展出一个可行的商业模型。究其本质，是由于银行卡组织具有典型的双边平台特征，对交换费水平的压制不仅限制了发卡银行的收益，也限制了发卡银行加入银行卡组织的动力。如此一来，就限制了银行卡组织能够到达的消费者数量，继而限制了收单市场的收单机构和商户的数量。特别地，当"一刀切"的交换

---

① Finextra. EU Banks Ready to Break Visa/MasterCard Duopoly［EB/OL］. http：//www. finex-tra. com/News/fullstory. aspx？NewsItemID = 22662，2011 – 06 – 15.

② 对发卡银行而言。

费监管政策同样应用在银行卡清算业务的新进入者身上时，将导致这个新进入的银行卡组织无法吸引发卡银行参与，进而最终导致其根本无法获得足够多的双边客户以达到其临界规模（critical mass）①。因此，欧盟的交换费监管（以及相关的其他监管措施）实际上产生了阻碍市场进入的效果，成为创建泛欧支付系统的真正障碍，从这个意义上来说，不利于增加消费者选择空间，不利于促进竞争。

3.5　本章小结

具有联合性质的银行卡组织在建立之初就面对着如何解决会员银行之间的利益分配问题。NBI（Visa 的前身）最终于 1971 年创立了交换费这一集中定价机制，用以处理银行卡跨行交易的利益分配问题。此后，开放式银行卡组织普遍采用交换费这一集中定价机制。

理论分析表明，交换费本身并不影响双边客户支付的总价格水平，只是影响了双边客户支付的价格结构，进而可以平衡双边客户对银行卡支付平台的需求，将一边客户向另一边客户施加的负的使用外部性内部化，纠正市场失灵，增进双边客户的集体福利。由于发卡侧和收单侧向客户的成本传递不对称，以及交易利益变动的不对称，私人最优的交换费与社会最优的交换费通常会发生偏离，两者完全达成一致更多的只是一种理论上的可能。不过，两者之间发生偏离的方向并不确定。私人最优的交换费与社会最优的交换费相比可能偏高，但也可能偏低。因此，出于对私人设定的交换费过高的怀疑而实施的反垄断监管措施或上限规制，在理论上缺乏充足的依据。

美国、澳大利亚和欧盟对交换费定价的监管模式各有不同，不过规制机构事前监管方式近年来均得到了更多应用。从具体监管政策的不同来

---

① 对临界规模的详尽讨论见本书 4.4.2 部分。

看，美国对交换费定价的监管总体上比较谦抑，仅在立法机构要求下对借记卡交换费实施了上限规制；澳大利亚对信用卡和借记卡的交换费定价很早便积极实施了上限规制；欧盟则是从积极的反垄断调查逐渐转向积极的上限规制，适用对象包括信用卡和借记卡，适用范围自 PSD2（2015）实施后也从跨境交易扩展到了成员国境内交易。而从具体监管政策的相同之处来看，美国、澳大利亚和欧盟均未禁止交换费的集中定价机制，并且认可信用卡交换费理应高于借记卡交换费。

美国立法机构要求美联储对交换费实施规制是响应了来自"商户的诉求"，但名义上的目的却是为了增进"消费者福利"，提高支付系统效率。然而，从逻辑上看，交换费下降的直接影响是银行向商户的收入转移，并且没有理由相信商户会将其得益全部转移给消费者，或者银行会将其损失全部由自己消化。并且，从事实上看，商户向消费者转移的收入远不足以补偿银行向消费者转移的成本，消费者的福利状况恶化了。可见，无论从逻辑上还是从事实上看，交换费规制的实质是消费者和银行向商户的财富转移，而且，交换费上限规制的主要受益者是大型零售商（及其股东）。

澳大利亚对交换费进行规制的理由和基础在于其认定交换费正在降低澳大利亚支付系统的效率，从而导致市场失败。然而，澳储银行发起交换费规制的基本依据并不充分，因为仅从成本方面判定信用卡和借记卡的经济效率而完全忽略其社会效益是非常片面的、不科学的，并且官方基于自身对不同产品或服务的认识而直接选择具体产品的类型，是对微观经济生活的过度干预，无助于提高经济效率和消费者福利。此外，澳储银行有关"商户将成本节约转移给消费者"的结论所依据的两个前提并不坚实。从根本上来说，澳储银行的交换费规制是建立在以传统的单边型企业为分析对象的经济学理论之上，而任何基于单边逻辑而进行的反垄断或规制行动首先在经济学理论基础上就是站不住脚的。

欧盟委员会以交换费具有"反竞争"效果作为对其进行监管的官方理由，如果不是因为其对双边市场理论的认识不足，就是由于直接以建立单一欧元支付区的宏观战略需要作为对具体产业进行微观经济干预的理由显得十分牵强。客观地看，交换费监管对于构建单一欧元支付区、提高欧盟域内支付系统的效率、充分利用规模经济具有值得肯定的积极意义，但也绝不应忽视支付卡产业本身可能因此受到的负面影响，尤其是相关监管在很大程度上阻碍了欧盟域内新的银行卡组织的诞生和运营，阻碍了欧盟域内银行卡清算市场的进入，从而不利于增加消费者选择空间，不利于促进竞争。

银行卡组织的纵向限制

无论是在历史上还是在现实中，银行卡组织往往在各自品牌内部对会员机构（包括发卡银行、收单银行）和商户设定一些限制规则。其中，受到较多关注的主要是在以下三个方面：一是排他性规则（exclusionary rule），主要表现为银行卡组织阻碍其他市场参与者进入特定市场；二是统一价格政策（uniform-price policy）①，具体表现形式包括禁止引导规则（anti-steering rule）和禁止额外收费规则（no-surcharge rule，NSR），前者指禁止商户通过折扣、奖励等方式，引导持卡顾客选择对商户成本更低的支付方式，后者指禁止商户对银行卡支付收取额外费用；三是受理所有卡规则（honor-all-cards rule，HAC），即只要商户接受某一品牌的支付卡，就必须接受该品牌下所有的卡片。由于银行卡组织是为会员机构和商户提供转接清算服务的机构，因此这些限制规则显然属于纵向限制。这些纵向限制是否损害了市场竞争和公众利益，引起了各国和各地区监管机构的关注。

---

① 欧洲通常称为反歧视规则（no-discrimination rule）。

4.1　银行卡组织纵向限制的商业实践

4.1.1　排他性规则

从历史上看，银行卡组织实施的排他性规则主要体现在开放式组织之间的"双重会员制"争议，以及开放式组织针对封闭式组织的排他性规则。实施主体主要是开放式银行卡组织，而实施地区则仅限于美国。

首先是关于双重会员制的争议。20世纪70年代初，维萨的会员规模不如万事达，后者希望通过吸纳更多的维萨会员以实现进一步的扩张，而维萨则十分抵制会员的双重身份。在一宗与此直接相关的反垄断案件中①，维萨对双重会员制的抵制立场没有得到法院和司法部的支持，迫于压力，维萨不得不于1976年完全取消了所有涉及双重会员制的禁止性规定。此后20年间，维萨和万事达这两大开放式银行卡组织各自的会员可以自主决定是否加入作为所在银行卡组织竞争对手的另一个开放式银行卡组织。不过，进入90年代中期以后，维萨和万事达开始寻求与其成员机构签署"承诺忠诚"的协议，即成员机构同意专注在自己的卡品牌而不是另一卡品牌②，尽管并不禁止成员身份的双重性。1998年，由于担心双重会员制减弱两大开放式银行卡组织之间的竞争，美国司法部对维萨和万事达的双重会员制（以及排他性规则）提起反垄断诉讼，不过，法院于2004年做出的最终裁定支持了双重会员制，并且要求维萨和万事达允许成员机构解除"承诺忠诚"的协议。

---

① 案件详情见本章的4.3.1部分。

② 埃文斯，斯默兰. 银行卡时代：消费支付的数字化革命 [M]. 北京：中国金融出版社，2006：221-222.

　　其次是开放式组织针对封闭式组织的排他性规则。1988 年，在拒绝西尔斯公司（Sears）加入维萨网络的申请之后，维萨通过了一项排他性规则——任何直接或间接发行发现卡或美国运通卡，以及发行其他任何被视为竞争性银行卡的申请者，都将被拒绝成为维萨会员。1990 年，西尔斯收购了一家破产的维萨成员 Mountain West，再次申请发行维萨卡，但仍被维萨拒绝。因此，西尔斯向法院提起反垄断诉讼，联邦上诉法院依据"合理原则"审议后判决维萨胜诉，针对部分封闭式组织①的排他性规则得到维持。不过，美国司法部于 1998 年发起针对维萨和万事达的排他性规则②的反垄断诉讼，法院于 2004 年最终裁定排他性规则违法。此后，美国运通和发现卡公司相继对维萨和万事达提起了反垄断诉讼。最终，维萨和万事达分别于 2007 年、2008 年与美国运通达成和解，同意取消排他性规则，并支付合计高达 40 亿美元的和解金。

　　查阅最新的维萨规则文件"维萨核心规则和维萨产品与服务规则（2017）"③与万事达规则文件"万事达规则（2017）"④，均无任何规则禁止成员机构与其他银行卡品牌展开合作。总而言之，维萨和万事达均已放弃曾在美国实施过的排他性规则。

4.1.2　统一价格政策

　　回顾银行卡组织过去 50 多年的发展历史，无论是封闭式组织还是开放式组织，要求商户不对持卡顾客额外收费、对持卡顾客和现金顾客一视同仁，历来是一个商业惯例，这可以被称为银行卡组织对商户设定的"统

---

① 针对的主要是发现卡公司和美国运通这两个当时较大的封闭式组织。

② 这两家开放式银行卡组织允许其成员机构加入另一方开放式银行卡组织，但禁止成员机构发行竞争性的封闭式组织品牌的银行卡。

③ Visa Core Rules and Visa Product and Service Rules（14 October 2017）是对 2015 年版本的更新。详见 https：//usa. visa. com/dam/VCOM/download/about – visa/visa – rules – public. pdf。

④ Mastercard Rules（1 June 2017）。详见 https：//www. mastercard. us/en – us/about – master-card/what – we – do/rules. html。

一价格政策"。直到进入 21 世纪，这一商业惯例在部分国家和地区开始受到监管机构或私人诉讼的法律挑战。不过，由于当地法律和监管的差异，统一价格政策仍被银行卡组织因地制宜、不同程度地使用。下面主要以维萨规则文件"维萨核心规则和维萨产品与服务规则（2017）"为例，考察银行卡组织当前对统一价格政策的运用。

首先来看禁止额外收费规则。在上述维萨规则文件的 1.5.5.2 部分对额外收费（surcharges）有如下规定：

"商户不能在其广告的或正常的价格以外对（维萨卡）交易增加任何额外费用，除非适用的法律或规制明确地要求允许商户施加额外收费。如被允许，任何额外收费必须被包含在交易金额中，而不可以单独收取。这一规则在亚太地区（新西兰）于特定条件下不适用……。这一规则在美国区域和美国领土不适用于维萨信用卡交易……。在欧洲地区，商户必须在发起交易前清楚地向持卡人表明额外收费的数额，并且得到持卡人的认同。"

在上述维萨规则文件的 5.6.1 部分对额外收费的"许可、要求、限制、数量和披露"（allowances, requirements, restrictions, amounts, and disclosures）做了细致的规定。其中，在 5.6.1.3 部分对美国区域和美国领土的维萨信用卡交易的额外收费有如下规定，"在美国区域和美国领土，根据适用的法律和规制，商户可以对维萨信用卡交易确定一个固定的或者可变的额外收费"；在 5.6.1.4 部分对美国区域和美国领土的维萨信用卡交易的额外收费做了上限规定；在 5.6.1.5 部分对美国区域和美国领土的维萨信用卡交易的额外收费的披露做了详细规定。

可见，维萨仍然在整体上维持着关于额外收费的禁止性规定，仅在适用法律或规制有明确要求时，商户才被允许额外收费。例如，在美国的商户发起了一项法律挑战之后，维萨签署了一份于 2013 年初生效的和解协议，同意商户在遵循额外费用封顶和其他消费者保护措施的前提下，对信用卡交易收取一定的额外费用，这正是上述规则文件中允许对美国区域和美国领土的维萨信用卡交易额外收费的直接原因。此外，维萨在欧洲和澳大利亚对禁止额外收费规则的放松或废止也是遵从当地监管机构的强制性要求①。

　　实际上，禁止商户对银行卡交易收取额外费用是长久以来的普遍惯例。例如，在欧盟2007年《支付服务指针》（PSD）出台以前，欧洲议会禁止开放式交易体系内的商户收取额外费用。即便是欧盟委员会2015年最新修订的《支付服务指针2》（PSD2），仍然禁止对受交换费规制的支付工具额外收费。而在银行卡组织的发源地美国，目前在联邦层面并未对银行卡组织应用禁止额外收费规则明确地持有任何立场，而一些州仍然明令禁止商户对银行卡交易额外收费，这些州包括加利福尼亚州、科罗拉多州、康涅狄格州、佛罗里达州、堪萨斯州、缅因州、马萨诸塞州、纽约州、俄克拉荷马州和得克萨斯州10个州。

　　其次再看禁止引导规则。在上述维萨规则文件的1.5.4部分提到，"商户可以尝试引导顾客从使用维萨卡支付转向其他替代支付方式，比如通过为现金支付提供折扣，但不能以一种令人困惑的方式误导消费者的选择"，"在欧洲地区，收单机构可以允许商户对某类交易向持卡人提供折扣、促销优惠或非现金激励"；在这份维萨规则文件的其他部分未再涉及商户引导消费者选择支付方式的问题。在万事达规则文件"万事达规则（2017）"的5.11.2部分也提到，"商户可以为顾客的现金支付提供折扣"；同样地，在这份万事达规则文件的其他部分也没有再次涉及商户引导消费者选择支付方式的问题。可见，维萨（和万事达）已在整体上放弃禁止引导规则，其原因要么是遵从当地监管机构的直接规制要求，要么是受到当地反垄断法律挑战之后作出了妥协。例如，在2010年受到美国司法部和17个州联合发起的反垄断挑战之后，维萨和万事达选择了与司法部达成和解，同意取消禁止引导规则。而在欧盟，最新的《支付服务指针》明令废除银行卡组织对商户施加的禁止引导条款。不过，值得注意的是，美国运通坚持应用禁止引导规则的立场在2016年却得到了联邦上诉

---

① 详见本章4.3.2和4.3.3两个部分。

法院的支持①。

4.1.3 受理所有卡规则

与统一价格政策相似，银行卡组织历来要求其特约商户必须受理其品牌下的所有卡片，这就是所谓的"受理所有卡规则"。而在 20 世纪 90 年代末，这一规则开始受到监管机构或私人诉讼的法律挑战，此后，银行卡组织已经因应监管要求对这一规则的具体应用进行了调整。下面同样主要以前面的维萨规则文件"维萨核心规则和维萨产品与服务规则（2017）"为例，考察银行卡组织当前对受理所有卡规则的运用。

在该规则文件的 1.5.4 部分有如下规定：

"在支付场合陈列有维萨受理标识的维萨商户同意受理相应的维萨品牌产品作为支付工具。如果顾客想用维萨产品支付，商户必须依据维萨规则完成和处理该笔维萨交易"；②"维萨商户不可以拒绝受理恰当出示的维萨产品作为支付方式"，当然，"商户也可以考虑现场条件是否会产生过分的风险，例如在涉及高额交易但卡片签名栏没有签字，且持卡人不能提供其他身份识别方式的情形下"；不过，"在亚太地区（澳大利亚）、加拿大和美国，商户可以拒绝受理特定类型的维萨产品。在欧洲地区，位于欧洲经济区（EEA）的商户可以拒绝受理特定产品类型"。

可见，维萨在整体上仍然维持着受理所有卡规则，尽管在一些国家和地区实施的是调整后的受理所有卡规则，即商户在签约时可以选择受理特定类型的维萨卡，但一旦签约则必须无歧视地受理其签约类型的所有卡片，除非该卡片没有被恰当地出示（如卡片背面的签名栏未按要求签名）。维萨选择从"所有类型卡片的受理所有卡规则"转向"签约类型卡片的

---

① 案件详情见本章 4.3.1 部分。

② 万事达也有类似条款，即"商户必须无歧视地受理所有恰当出示的有效卡片。商户必须维持一项政策，即当顾客寻求用卡支付时，不对其实施任何歧视"。详见"Mastercard Rules（1 June 2017）"，https://www.mastercard.us/en-us/about-mastercard/what-we-do/rules.html。

受理所有卡规则"，主要是因为受到了来自监管机构或私人诉讼的压力。例如，维萨在美国对其受理所有卡规则应用的转变是由于受到了以沃尔玛为首的约 400 万家商户于 1996 年发起的有关其受理所有卡规则涉嫌捆绑销售的反垄断挑战，维萨最终在 2003 年达成的和解协议中同意取消将借记卡和信用卡捆绑的受理所有卡规则。

4.2　银行卡组织纵向限制的理论研究[①]

如前所述，银行卡组织历来会对商户实施一些纵向限制，其中一些纵向限制措施已经受到监管机构和私人诉讼的挑战，这也激发了一些学者对某些纵向限制措施的研究兴趣。在上文涉及的排他性规则、禁止引导规则、禁止额外收费规则和受理所有卡规则四个纵向限制规则中，学者们的研究兴趣主要在于禁止额外收费规则和受理所有卡规则。

4.2.1　禁止额外收费规则

罗歇和梯若尔（Rochet & Tirole，2002）引入消费者和商户的策略性互动，考虑了一个发卡市场不完全竞争、收单市场完全竞争的不对称结构[②]（从而交换费的任何增加将完全传递给商户）。基于一组假设条件，得到了一个与禁止额外收费规则有关的结论，即：在禁止额外收费规则下，存在一个均衡，即商户受理支付卡，支付卡用户的净价格下降，现金用户的净价格上升，支付卡在消费者中的扩散从社会角度看或者仍然

[①]　本节主要内容作为阶段性成果已公开发表。

[②]　罗歇和梯若尔（Rochet & Tirole，2002）认为这种不对称结构合乎现实：收单业务的产品差异极小，搜寻成本低，被广泛视为高度竞争；而发卡业务通常显现出市场势力，其来源和程度可能在于创新，或者诸如搜寻成本、声誉或者卡的性质等其他因素。

太低，或者变得过度。如果商户可以自由地①对支付卡交易额外收费，交换费的水平就是无关的（意即"中性"②），而由于发卡机构的不完全竞争，支付卡在消费者中的扩散相对于禁止额外收费规则约束下就会降低。如果在禁止额外收费规则约束下支付卡服务本就供给不足，则允许额外收费将加剧支付卡服务供给不足的程度，降低社会福利。

赖特（Wright，2003）考虑了商户定价的两种极端情形——垄断定价或伯川德竞争，以研究禁止额外收费规则的影响。假设消费者对商品的需求缺乏弹性，收单机构完全竞争；消费者就其使用支付卡的利益而言是异质的，而商户就其受理支付卡的利益而言则是同质的；并且消费者和商户在知道商品价格之前做出参与支付网络的决策。研究发现，在垄断性商户情形下，禁止额外收费规则可以增进社会福利。当商户有足够的市场势力时，交换费可以用来合理配置持卡人和商户的成本和利益，但必须是在禁止额外收费规则约束下。如果允许额外收费，商户将过度收取，从而导致对支付卡的过少持有和使用，最终降低发卡机构的收入。实际上，如果支付卡网络向持卡人收取年费，额外收费将导致没有消费者使用支付卡，因为商户从一开始就抽取了诱导消费者持卡所必需的剩余。对于竞争性商户情形，禁止额外收费规则对福利没有影响。总结起来，赖特（Wright，2003）的基本结论在于：尽管原因不同，但两种类型的商户定价都限制了支付卡网络以反竞争的方式利用交换费和禁止额外收费规则的能力；禁止额外收费规则在阻止商户过度额外收费方面的积极作用非常显著。

甘斯和金（Gans & King，2003）研究了在额外收费不被禁止的情况下，交换费的潜在中性。他们证明，只要满足"支付分离"③ 这一条件，不论商户、发卡机构和收单机构是否具有市场势力，交换费都是中性的，

---

① 额外收费不被禁止，且对商户而言无须任何代价。

② 若交换费的变化不影响消费者购买的数量以及商户和银行的利润水平，则交换费为中性。

③ 甘斯和金（Gans & King，2003）将支付分离（payment separation）解释为，所有以信用卡（用户）价格从提供信用卡服务的商户购买商品的顾客确实使用信用卡。

支付卡网络出于策略性目的或者政府出于改变支付工具使用模式的需要运用交换费的努力都将是无效的。在以下两种情形下，"支付分离"条件可以分别得以满足：一是竞争性的商户被分为现金受理和支付卡受理两类，每个商户只能服务于一类顾客且禁止收取不同的价格；二是商户有能力通过收取不同的价格完全分离现金顾客和支付卡顾客。如果额外收费是无成本的，商户将执行基于支付工具的定价，可以通过较高的商品价格对较高的交换费（从而较低的消费者卡费）予以抵消，从而不会出现跨支付工具的交叉补贴，交换费在平衡消费者和商户需求方面的作用也会消失。因此，甘斯和金（Gans & King，2003）认为，如果商户可以额外收费，交换费就不能被支付卡网络用作合谋的手段，政策制定者便无须担心交换费的水平。

施瓦茨和文森特（Schwartz & Vincent，2006）研究了禁止额外收费规则对现金和支付卡用户之间分配状况的影响。他们假设收单机构完全竞争；发卡机构在主模型中完全共谋；商户为本地垄断；放松赖特（Wright，2003）消费品需求固定的假设，并假设支付模式为外生，即消费者被外生地划分为支付卡用户群和现金用户群；同一群体内的每个成员有相同的具有负斜率的交易需求，因此尽管支付卡用户的数量外生给定，但每个人的支付卡或现金交易量是内生决定的。在这种情况下，如果商户不能额外收费，则现金用户的价格将上升，因为商户必须支持更加昂贵的支付卡交易，从而导致现金用户对支付卡用户的交叉补贴。他们发现，基于支付工具定价的缺失增加了网络利润，损害了现金用户和商户。其他福利效果则依赖于现金用户对支付卡用户的比率，商户从支付卡受理中获得的净利益，以及给支付卡用户提供折扣（负费用）是否可行。

综上所述，有关禁止额外收费规则的理论研究尽管各有侧重，结论也不尽相同，但却有一个比较一致的观点，即：如果额外收费不被禁止，交换费就将失去其平衡双边用户需求的功能而变为"中性"。因此，那些认为交换费的平衡功能对银行卡组织的有效运营不可或缺的学者，普遍对银行卡组织运用禁止额外收费规则持肯定或者至少不否定的态度。此外，有一个现象或许值得留意，即学术界对禁止额外收费规则的研究热度并没有在 21 世纪的第一个十年后延续下去。

4.2.2　受理所有卡规则

与禁止额外收费规则不同，学术界对受理所有卡规则的经济学分析并不多见，而直接以银行卡组织受理所有卡规则作为研究对象的是罗歇和梯若尔（Rochet & Tirole，2008）。他们以支付卡服务为对象，系统研究了双边市场上搭配销售的影响。他们首先构建了两个平台（即支付卡网络）、两类交易（借记卡和信用卡）的一个简单的基准模型以研究受理所有卡规则的影响。假设平台由非营利性协会运营，借记卡和信用卡需求独立，商户同质，消费者对商户的支付卡受理政策具有完美信息，平台无差别。研究发现，若不施行受理所有卡规则，则相对于社会最优而言，借记卡交换费太低，信用卡交换费依下游会员的市场势力或者最优或者太高；若施行受理所有卡规则，则多卡平台可以通过所谓"重平衡效应"（rebalancing effect），即提高借记卡交换费，降低信用卡交换费，更好地实施平衡行为，最终提高交易量，从而不仅有利于多卡平台，还能提高社会福利。罗歇和梯若尔（Rochet & Tirole，2008）最后对基准模型予以拓展，包括了借记卡和信用卡之间不同程度的替代性、商户异质性、消费者对商户的支付卡受理政策的信息的不同结构，以及平台差异性。研究发现，虽然在所有参数值设定下受理所有卡规则也许不再提高社会福利，但基准模型所揭示的基本的重平衡效应还是稳健的。

此外，阿梅里奥和朱利安（Amelio & Jullien，2007）从一般意义上研究了双边市场的搭配销售问题。他们考虑了这样一种情形，平台意图在市场一边设置低于零的价格，以解决双边市场的需求协调问题，但受到限制①，必须设置非负价格。在他们的分析中，搭配销售可以充当为解决双边市场需求协调的失败问题而对市场一边引入隐性补贴的机制。因此，搭配销售能够增加两边的参与，在垄断平台情形下，还能够有利于消费者。不过，在寡头环境下，搭配销售对竞争也有策略性影响。他们的研究表明，搭配销售对消费者剩余和社会福利的影响取决于双边之间外部性的不对称程度。若不对称程度小，影响将是负面的，反之则是正面的。但是，他们的研究假设代理人单归属②，从而没有分析代理人多归属时搭配销售的影响③。

可见，现有的对银行卡组织受理所有卡规则的理论研究认为，将借记卡和信用卡捆绑的受理所有卡规则可以通过所谓的重平衡效应，提高银行卡组织的总交易量，从而对银行卡组织有利，但对社会福利的影响是不清晰的。

4.3 典型国家和地区银行卡组织纵向限制的反垄断与规制监管

各国（或地区）对银行卡组织纵向限制的反垄断与规制监管的具体实践各有侧重。与第3章相似，本节仍将选取美国、澳大利亚和欧盟三个典型国家和地区，回顾其在银行卡组织纵向限制监管方面的历史和最新进展，在此基础上进行比较分析。

---

① 阿梅里奥和朱利安（Amelio & Jullien, 2007）指出，限制可能主要源于两个风险：代理人的逆向选择和机会主义行为。

② 当终端用户加入一个以上的网络，就被称为"多归属"（multihoming），否则就是"单归属"（singlehoming）。

③ 崔（Choi, 2010）基于数字媒体市场分析了代理人多归属时搭售的影响。

4.3.1 美国对银行卡组织纵向限制的反垄断与规制监管

4.3.1.1 排他性规则方面

1971 年 4 月，作为维萨成员机构的沃尔森银行信托公司（Worthen Bank and Trust）对维萨提起诉讼，诉求是希望能同时加入维萨和万事达两大银行卡组织（此时维萨的规模不如万事达），这也是针对银行卡组织的第一起反垄断案件。联邦法院裁定维萨制定的排他性规则违反了《谢尔曼法》的本身违法原则，判定该规则无效，商业银行或机构可以同时开展两种品牌的银行卡业务。对此，维萨进行了上诉，美国司法部也向法院阐明了自己的立场。尽管司法部在总体上认同法院关于这一排他性规则可能限制竞争的观点，但也认为一场全面审理可能会揭示其对竞争的促进作用，因此建议上诉法院适用"合理原则"而不是"本身违法原则"审理此案。不过，在上诉法院正式开庭前夕，原告和被告达成了庭外和解。为了规避法律风险，维萨的管理层和成员机构希望司法部能够出具一份支持排他性规则的意见书，但司法部对此的回应是既不支持排他性规则，也不支持双重会员制，原因在于缺乏足够的信息证明双重会员制会限制竞争。无奈之下，维萨最终于 1976 年取消了所有涉及双重会员制的限制性规定。

20 世纪 80 年代末，对维萨和万事达两大开放式组织之间的排他性规则的质疑延伸到了封闭式卡组织。作为发现卡发起者的西尔斯公司申请加入维萨网络，但维萨对此予以拒绝，并经董事会同意通过了一项排他性规则，即禁止那些发行与维萨卡存在竞争关系的卡片（如发现卡、美国运通卡）的机构或其关联机构成为维萨的会员。1990 年，西尔斯通过收购维萨的一家破产的成员机构 Mountain West 来申请发行维萨卡，但仍遭到了维萨的拒绝。因此，西尔斯向法院提起反垄断诉讼，一审法院判决维萨败诉。但是维萨随后上诉，第十巡回法院推翻了一审判决，认为维萨并未控制相关产品市场，会员准入规则也没有产生限制竞争的效果，西尔斯虽不能加入维萨网络但未被排除在银行卡市场之外。最后，西尔斯上诉至最高法院但被驳回。1998 年，美国司法部针对维萨和万事达的双重会员制和排他性规则向纽约联邦法院提起反垄断诉讼，认为其限制了信用卡市场的正常竞争，降低了产品的多样性，从而损害了银行成员机构和消费者的利益。2004 年，法院最终裁定支持了双重会员制，同时判决排他性规则违法，认为两大银行卡组织的规定限制了其他网络服务提供者的竞争力。接下来，美国运通和发现卡公司都对维萨和万事达提起了反垄断诉讼，认为其阻挠了它们发行信用卡，违反了反垄断法，使其丧失了许多商业机会，并且要求两大银行卡组织对此前禁止会员银行发行美国运通卡和发现卡而对其造成的损失予以赔偿。2007 年 11 月，维萨同意以支付 22.5 亿美元为条件与美国运通达成和解，万事达则成为此案唯一的被告方。2008 年 2 月，美国运通与万事达达成 18 亿美元的和解协议，美国运通将合计收到两大银行卡组织 40 亿美元的和解金，也成为当时美国历史上和解金额最高的和解协议。

4.3.1.2 禁止引导规则和禁止额外收费规则方面

2010 年司法部和 17 个州联合指控维萨、万事达和美国运通的商户费用和对商户行为的限制违反了反垄断法。随后司法部分别与维萨和万事达达成和解，两大银行卡组织同意取消对商户的禁止引导规则（anti - steering rules），允许商户通过折扣、奖励等方式引导消费者选择对商户而言成本更低的支付方式。不过，美国运通认为该和解协议将削弱支付卡产业的竞争，未与司法部达成和解，案件于是在 2014 年 7 月开审。2015 年 2 月，负责审理的联邦地区法院认为，美国运通的禁止引导规则（anti - steering rules）违反了反垄断法，应该允许受理美国运通卡的商户引导消费者使用其他的支付方式，美国运通对判决不服进而提起上诉。2016 年 9 月，联邦上诉法院推翻了地区法院的判决，认为美国运通是以其奖励计划和显而易见的声誉获取其市场份额，没有理由去阻挠当今支付卡产业的正常运行，地区法院过于关注商户的利益而忽视了持卡人的利益，裁定美国运通对商户施加的禁止引导规则并未违反反垄断法①。

此外，商户与维萨、万事达以及几大发卡银行之间在 2012 年达成过一份初步和解，要求维萨和万事达允许商户在遵循额外费用封顶和其他消费者保护措施的前提下，对信用卡交易收取一定的额外费用，此项规则变动于 2013 年初生效。2014 年，一些对此项变动仍不满意的商户和商户贸易协会对此前达成的和解协议提起上诉。2016 年，联邦上诉法院裁定商户与维萨、万事达之间此前达成的和解协议无效。

4.3.1.3 受理所有卡规则方面

前面提及，1996 年以沃尔玛为首的零售商阵营②代表约 400 万家商户③联合起来对维萨和万事达这两大银行卡组织提起了诉讼，其中借记卡和信用卡的捆绑销售（通过受理所有卡规则实施）是诉讼的核心议题。2003 年，维萨和万事达两大银行卡组织在庭外和解协议中，同意取消将信用卡和借记卡捆绑销售的受理所有卡规则。不过，要求商户受理不同发卡机构发行的同类卡片的受理所有卡规则迄今为止未被发起过任何法律挑战。

4.3.2 澳大利亚对银行卡组织纵向限制的反垄断与规制监管

澳大利亚一贯直接禁止银行卡组织实施网络排他性规则，相关纵向限制监管实践主要集中于禁止额外收费规则、禁止引导规则和受理所有卡规则。

早在 2001 年，澳储银行就要求信用卡组织取消禁止额外收费规则，

---

① 对此可以做以下阐释：实践中，商户可能以受理美国运通卡作为广告吸引高端顾客，结账时又通过折扣价格引导顾客放弃使用对商户而言成本较高的美国运通卡支付，这对业已占据市场主导地位的两大银行卡组织维萨和万事达更加有利，从而可能损害市场竞争。

② 包括 Sears、The Limited、Safeway、Circuit City、National Retail Federation、International Mass Retail Association、Food Marketing Institute 以及另外 13 家零售商。

③ 联邦法院对零售商阵营意图代表所有受理维萨卡和万事达卡的商户表示认可。不过，商户数量是估计的，并且可随时间发生变化。

同时要求维萨取消通过受理所有卡规则实施的捆绑销售，不得以接受其信用卡为条件要求商户接受其借记卡，或者以接受其借记卡为条件要求商户接受其信用卡，商户可以自由选择受理卡的类型，该决定于2003年生效。2006年，维萨和万事达解除了对签名借记卡的禁止额外收费规则。而美国运通和大莱虽然没有受到正式的规制，但在与澳储银行的商讨之后，分别于2002年和2005年先后自愿解除了商户合同中的禁止额外收费条款和禁止引导条款。

　　2012年5月，澳储银行决定改变信用卡和借记卡的商户额外收费标准，允许银行卡组织将商户额外收费的上限设定在合理反映商户受理银行卡的成本的水平，并于2013年3月生效。2014年12月公布的澳大利亚金融系统调查（The Financial System Inquiry，FSI）的最终报告对支付系统的规制提出了两条建议①。2015年10月，澳大利亚政府公布了对FSI的回应，宣布将赋予澳大利亚竞争与消费者委员会（Australian Competition and Consumer Commission，ACCC）相应权力对过度额外收费采取监管行动。2016年2月，澳大利亚议会通过立法修订了《竞争和消费者法案2010》（Competition and Consumer Act 2010），使ACCC有权对超过许可的额外收费进行监管。2016年5月，澳储银行发表银行卡支付规制评估最终结论时公布了一些新标准，其中关于额外收费的决定如下：基于商户受理银行卡的平均成本，界定了"被许可的额外收费"（permitted surcharge）；被许可的额外收费所包含的成本的宽度比澳储银行当前的指导标准要窄；商户受理银行卡的平均成本以百分比的形式界定，隐含了商户将不能在低价值交易中征收高昂的固定额外收费；自2017年6月1日起，收单机构和支付设施供应商需要向商户提供关于受理银行卡成本的易于理解的信息等。

---

① 第一条是使支付系统分级监管更加清晰，第二条是改进对交换费和额外收费的规制。

4.3.3 欧盟对银行卡组织纵向限制的反垄断与规制监管

与澳大利亚相似，欧盟对银行卡组织实施网络排他性规则一贯采取直接禁止态度，相关纵向限制监管实践也是集中于禁止额外收费规则、禁止引导条款和受理所有卡规则。

在欧盟2007年《支付服务指针》（PSD）出台以前，欧洲议会禁止开放式交易体系内的商户收取额外费用。2007年出台的PSD规定，不允许支付服务提供商阻止收款人因特定支付工具的使用而向付款人收取额外费用或给予折扣。然而，为鼓励竞争和促进有效率支付工具的使用，PSD仍然允许各成员国自行设定禁止或限制额外收费权利的政策。2009～2010年，PSD先后被欧盟各国纳入了法律。2013年，欧盟委员会提出了对PSD的修订建议。2015年12月，修订后的《支付服务指针2》（PSD2）正式出版，提案内容中包括但不限于：

（1）禁止对受交换费规制的支付工具额外收费，同时允许对不受交换费规制的支付工具额外收费。

（2）废除银行卡组织对商户施加的禁止引导条款（the anti-steering provisions）。

（3）废除银行卡组织对商户施加的部分受理所有卡规则，具体来说，同一品牌受到相同交换费规制的同类卡片（比如预付卡、借记卡或者信用卡）仍可适用受理所有卡规则，除此以外，商户不受理所有卡规则的约束。

PSD2于2016年1月生效，并且要求所有欧盟成员国在2018年1月13日前以国家法律的形式实施这些规则。

4.3.4 银行卡组织纵向限制监管的国际比较

对上述典型国家和地区银行卡组织纵向限制的反垄断与规制监管的

简明比较见表 4 - 1。其中，关于监管模式的差异在第 3 章已有详细论述，不过，与交换费定价监管不同，美国迄今为止没有对银行卡组织纵向限制采取规制机构事前监管的方式。下面着重就具体监管措施进行比较。

表 4 - 1　典型国家和地区银行卡组织纵向限制的反垄断与规制监管的简明比较

比较项目		美国	澳大利亚	欧盟
监管模式	差异	以反托拉斯法律为基础的事后监管为主的模式	以规制机构事前监管为主的模式	竞争法基础上的事后监管和规制机构事前监管并用的混合监管模式
	共性	除美国外，规制机构事前监管方式均得到了更多运用		
具体监管措施	差异	维萨、万事达已取消禁止引导规则，美国运通仍予维持；禁止额外收费规则被维持	禁止引导规则、禁止额外收费规则均被废除	禁止引导规则被废除；PSD2（2015）根据支付工具是否受交换费规制，对禁止额外收费规则实行区别对待
	共性	禁止网络的排他性规则；将借记卡和信用卡捆绑销售的受理所有卡规则均被取消或废除，而要求商户受理不同发卡机构发行的同类卡片的受理所有卡规则均被维持		

4.3.4.1　具体监管措施的差异

首先，在禁止引导规则方面，维萨和万事达两大开放式银行卡组织已经同意取消对美国商户的禁止引导规则，但美国运通对商户的禁止引导规则却在 2016 年得到了联邦上诉法院的支持；而澳大利亚与欧盟均已废除禁止引导规则。其次，在禁止额外收费规则方面，虽然 2012 年达成的初步和解有条件地允许商户额外收费，但联邦上诉法院 2016 年裁定该和解协议无效，截至本书完成之时并无新的进展；澳大利亚则早已取缔了禁止额外收费规则，但近年来对商户的额外收费施加了更多限制；欧盟早期对开放式交易体系内的禁止额外收费规则持赞同态度，不过，这一立场随着 2007 年 PSD 的出台而改变，2015 年出台的 PSD2 则进一步明确地根据支付工具是否受到交换费规制，对禁止额外收费规则实行区别对待。

4.3.4.2 具体监管措施的共性

第一，关于银行卡组织排他性规则的监管案例主要发生在美国，以私人或官方的反垄断诉讼为基本形式，而在绝大多数案例中，法院最终均裁定排他性规则违法，维萨和万事达两大银行卡组织也最终先后放弃使用排他性规则；澳大利亚和欧盟同样禁止银行卡组织限制发卡机构成为竞争对手会员的排他性行为。第二，虽然三个国家和地区对禁止额外收费规则的具体监管仍有差异，但相同之处在于：这一长期以来被银行卡组织普遍采用的纵向限制受到了越来越多的挑战和限制（诉讼、全部或部分的废除）。第三，意图将借记卡和信用卡捆绑销售的受理所有卡规则在三个国家和地区均已被取消或废除，而要求商户受理不同发卡机构发行的同类卡片的受理所有卡规则得以维持。

4.4 银行卡组织纵向限制的反垄断违法确认原则分析

前面说到，私人或反垄断执法机构对维萨或万事达等银行卡组织发起反垄断诉讼时，通常强调银行卡组织的有关行为"本身违法"，而银行卡组织则通常强调其相关行为具有合理性，应该适用"合理原则"进行分析。可见，从反垄断法实施的角度来看，对银行卡组织若干纵向限制措施的反垄断法实施首先需要回答一个基本的原则性的问题，即：该纵向限制措施应该适用"本身违法原则"还是"合理原则"进行反垄断违法确认。本节将首先从一般意义上探讨纵向限制的反垄断违法确认原则，然后从双边市场理论角度对银行卡组织纵向限制可能存在的促进竞争与限制竞争效应予以分析。

4.4.1 纵向限制的反垄断违法确认原则

作为最早制定反垄断法律、执法和司法经验最为丰富的国家，美国在其100多年的反垄断政策实践中形成了两个基本的反垄断违法确认原则，即本身违法原则和合理原则。在当今反垄断政策实践中，通常首先需要判断相关案件应该适用本身违法原则还是合理原则。

4.4.1.1 本身违法原则和合理原则

世界上第一部反垄断法律是美国于1890年制定的《谢尔曼法》①，也是今天美国反垄断法律体系中的基本法。《谢尔曼法》第一条谴责"任何契约、以托拉斯形式或其他形式的联合、共谋，用来限制州际间或与外国之间的贸易或商业"，第二条谴责"任何人垄断或企图垄断，或与他人联合、共谋垄断州际间或与外国间的商业和贸易"。尽管条文貌似清晰，但关于什么是"限制贸易或商业的契约、联合、共谋"、什么是"垄断或企图垄断"，《谢尔曼法》并未给予任何界定。总体来看，《谢尔曼法》的规定是原则性的、抽象的，其模糊的措辞和立法意图，导致依据《谢尔曼法》进行的反垄断政策实施产生了较大的不确定性。

在《谢尔曼法》实施的初期，大多采用严格依照字面解释的原则，例如，法官们通常认为只要存在对贸易或商业的限制即属违法。然而，在联邦最高法院1911年对标准石油公司②一案的审理中，怀特（White）大法官认为《谢尔曼法》所要禁止的是"不合理"的限制贸易的行为，而标准石油公司被判有罪正是由于其对贸易实施的"不合理"限制。这是在反垄断法实施的历史上，第一次将限制行为区分为合理的（resonable）与不合理的（unreasonable），因此，怀特法官被认为是首次提出了合理原则（rule of Reason）的理念。1918年，布兰代斯（Brandeis）大法官在芝加哥贸易商会案③中对合理原则做了这样的阐述，"合法性的真正标准在于，所施加的限制是只对竞争进行管理并可能因此促进竞争，还是可能压制或甚至毁灭竞争。要确定这个问题，法院通常必须考察这个受限制的企业所

---

① Sherman Act (1890).
② Standard Oil Company of New Jersey v. United States, 221 U. S. 1 (1911).
③ Board of Trade of City of Chicago v. United States, 246 U. S. 231, 238 (1918).

特有的事实；它在被施加这项限制之前与之后的状况；该项限制的性质及其实际的或可能的效果"。这一阐述的贡献在于指出了适用合理原则时需要考虑的因素，但也使得人们对合理原则产生了这样的印象，即如果适用合理原则，那么需要进行调查和分析的东西会非常之多，简单地说，需要调查涉案企业及其行为的所有的方方面面。然而，一方面，在实际操作中评估这些因素的成本极高，布兰代斯法官也没有指明诉讼双方谁对这些因素负有举证责任；另一方面，对于某项限制是"只"对竞争进行"管理"并因此"促进"竞争，还是可能"压制"甚至"毁灭"竞争，在实际操作中其实也很难讲清楚。

如前面所述，早期的很多反垄断司法实践是以对法律严格的字面解释为原则，这是所谓的"本身违法原则"的萌芽。但是在怀特法官提出合理原则的理念、布兰代斯法官阐述合理原则需要分析的因素之后，很多司法实践转而适用合理原则进行审理。直到1940年，道格拉斯（Douglas）大法官在索科尼真空石油公司案①中作了这样一段表述，"根据《谢尔曼法》，如果一项联合是以提高、压低、固定、限制或者稳定某种商品的价格为目的并有此效果……则是本身违法的"，从而首次在反垄断历史上确立了本身违法原则（per se rule）。

在此后的反垄断司法实践中，联邦大法官们留下了各自关于本身违法原则和合理原则的阐述，从而进一步深化和完善了对这两个反垄断违法确认原则的理解，作为对美国反托拉斯法律的司法解释对后来的司法实践产生了深远的影响。比较著名的阐述包括："本身违法规则……对合理规则起到补充作用，与合理规则一点也不矛盾。"②"有……两种互补的反托拉斯分析类型。第一类适用于如下协议，即这些协议的性质与必然效果是如此地反竞争，因而不需要对该产业进行细致的分析即可认定其违法——这些协议是'本身违法'的；第二类分析适用于如下协议，即要判明这些协

---

① United States v. Socony-Vacuum OIL Co., 310 U. S. 150, 223 (1940).

② United States v. Topco Associates, Inc., 405 U. S. 621 (1972).

议对竞争的影响，必须对该企业的特有事实、该项限制的历史、施加这项限制的原因进行分析。无论如何，分析的目的是判明该限制对竞争所产生的影响。"① "对于反托拉斯政策及其实施来说，本身违法规则是一种有效且有用的工具。竞争者之间固定其各自产品或服务的价格的协议，属于本院认为本身违法的协同行为类型。但是简单的标签并不总是能够提供现成的答案。……但当两个合作者确定其产品或服务的价格的时候，虽然它们在字面上有'固定价格'的行为，但这并不本身违反《谢尔曼法》……因此，必须对受指控的行为进行定性，确定它是不是属于我们所说的'本身违法的固定价格'。这通常（但并不总是）是一个比较简单的问题。"② "由于本身违法原则得到承认，因而依据合理原则对企业行为进行评判的成本降低了。如果最高法院对某种限制的经验十分丰富，能够自信地预计它在经过合理原则分析之后会被认定为非法，则该院就适用一种结论性的假定，认定该限制是不合理的。"③ "本身违法原则是对《谢尔曼法》进行司法解释的过程中形成的，但这一规则与其他任何法定明令具有相同的效力和效果。……本身违法原则还反映了一种长期存在的判断，即该规则所禁止的行为在性质上就有'对竞争产生影响的巨大的可能性'"④。

因此，回顾本身违法原则与合理原则的形成和发展，以及在反垄断司法实践中产生的相应的诸多司法解释，可以对本身违法原则与合理原则分别做如下简明的界定，即：基于长期的司法经验，有些限制行为几乎必然是反竞争的，则一旦被认定实施了此类限制，就无须进行更多的调查和分析，即可自信地判定其非法，也就是对这类行为适用本身违法原则；而除此以外的其他类型的限制行为对竞争的影响的性质依具体条件而变，具有不确定性，需要进行细致的调查和分析之后才能进行判断，因此，对这些限制行为需要适用合理原则进行分析。

---

① National Society of Professional Engineers v. United States，435 U. S. 679，688－692（1978）.
② Broadcast Music，Inc. v. CBS，Inc.，441 U. S. 1，8－9（1979）.
③ Arizonna v. Maricopa Cty. Med. Society，457 U. S. 332，343－344（1983）.
④ FTC v. Superior Ct. Trial Lawyers Assn.，493 U. S. 411，432（1990）.

可见，本身违法原则是一种经验性原则，并非基于逻辑必然性，而是基于累积的观察，并且其适用性受到不断的检验、证伪和修正①。适用本身违法原则的前提是关于某些种类的限制的司法经验已足够丰富，因而可以采用这一原则快速处理。然而，本身违法原则的法理中最困难的部分，是确定何时应当适用该规则，也就是怀特大法官在 Broadcast Music, Inc. v. CBS, Inc.（1979）中所说的"定性"（characterization）问题。例如，一旦法院正确地将某个行为定性为价格固定，则该行为就是本身违法的，然而确定某个行为何时应当被定性为价格固定，有时候可能是很困难的，而且可能需要进行大量复杂的经济学调查。

从实践上来看，将某种行为称为本身违法，通常有以下两层意思：一是对于某个行为，无须调查其所处市场的结构，不必调查其参与企业的市场力量，就可以对其合法性予以判明；二是给某类行为贴上"本身违法"标签后，就不再允许对其提出某些理由或者抗辩了。不过，这两个想法在现实的反垄断司法实践中还是得到了限制或者说纠正。例如，尽管搭售仍被美国反托拉斯政策视为适用本身违法原则，但还是需要考察市场结构和当事人的市场势力。而且，在判定某个行为是否属于本身违法原则的适用范围时，法院还是应当对当事人提出的辩解进行考察。

此外，当某项具体的行为并不处于本身违法原则的适用范围时，需要适用合理原则分析，但若对每一项具体行为都进行完整的合理原则分析，则难免导致司法的高成本和低效率。因此，在美国的反垄断司法实践中，又发展出一个所谓的"缩短的合理原则"（truncated rule of reason）。通常来说，如果某个行为是高度可疑的，几乎达到需要适用本身违法原则的程度（近乎赤裸裸的②），但由于对这类行为的司法经验十分有限，因此至少应当听听当事人对其行为所做的辩解，此时就可以认为应当将其纳入所

---

① 霍温坎普. 联邦反托拉斯政策：竞争法律及其实践 [M]. 许光耀等译. 北京：法律出版社，2009：279.

② 如果某个行为的客观目的是在短期内提高价格或减少产出（数量上的和（或）质量上的），或者可能产生这种效果，那么这种行为就是赤裸裸的限制竞争。

谓的"缩短的合理原则"（或"快速考察"）的适用范围。如果被告的辩解听上去有道理，则可能需要进行完整的合理原则分析。如果其辩解无力，或者反而证实了该行为根本就是"赤裸裸的"限制竞争，则可以判定其本身违法。不过，应用缩短的合理原则时必须注意，该原则最好是只适用于以下情形：该限制的危险性非常大，通常足以推定其应当纳入本身违法类型，然而，由于缺少司法经验，因而至少要考虑一下被告所提出的抗辩或者理由。此时，唯一可以接受的辩解理由是，受到指控的限制确实会增加产出并且因此可以降低价格。

4.4.1.2　纵向限制的一般反垄断违法确认原则

在反垄断理论上，通常将竞争者之间达成的明示或默示的对行为人的行为的限制称为横向限制（horizontal restraints），而将具有上下游关系的行为人之间达成的明示或默示的对行为人的行为的限制称作纵向限制（vertical restraints）。横向限制一般包括横向固定价格、横向划分市场（地域划分或客户划分）、联合抵制交易以及其他横向限制。纵向限制一般包括转售价格维持、纵向划分市场（地域划分或客户划分）、搭售、排他性交易以及其他纵向限制。在纵向限制大类中，搭售和排他性交易是对其他品牌产品施加的限制，因此也被归类为纵向品牌间限制；而其他纵向限制并没有对其他品牌产品施加限制，因此可被归类为纵向品牌内限制。此外，依据纵向限制的标的，转售价格维持属于纵向价格限制，而其他纵向限制均属纵向非价格限制。

反垄断理论和大量司法实践已表明，竞争者之间达成的横向限制对竞争有直接的、严重的损害，因而大多数横向限制在反垄断司法实践中适用本身违法原则，包括横向固定价格、横向划分市场（地域划分或客户划分）以及赤裸裸的联合抵制交易。与横向限制不同，大多数纵向限制对竞争的总体影响并不明确。实际上，大多纵向非价格限制的目的是增加本品牌的产出，因此，断言其具有反竞争效果直观上就是很难令人信服的，特别是在限制行为人没有显著的市场势力时。故此，对纵向限制大多适用合理原则分析①。不过，也有两项纵向限制通常被认为本身违法，这就是转售价格维持和某些搭售。直到今天，最低转售价格维持在美国反垄断实施中仍被适用本身违法原则，搭售行为也是如此。不过，在对搭售行为适用本身违法时，美国法院通常会分析市场结构和行为人的市场势力等要素标准，当符合这些要素标准时才被认定为本身违法。有趣的是，这实际上恰好是从另外一个角度表明将搭售视为适用本身违法原则原本就是不恰当的。

总之，基于现有的反垄断理论和经验，对纵向非价格限制一般应该适用合理原则分析。并且，要认定一个纵向非价格限制对竞争产生了负面影响，必须证明它对适当界定的相关市场的很大比重产生了影响。因此，如果被告在适当界定的相关市场上的市场份额很小，更遑论具有市场支配地位，那么其纵向非价格限制行为就应该不受谴责。即使被告被认定具有市场势力或者市场支配地位，其纵向限制行为也并不必然非法，被告可依据其限制行为的合理的商业理由进行抗辩，再继续此后的审理程序。

4.4.2 银行卡组织纵向限制对竞争的效应：作为一个双边平台

对纵向非价格限制应该适用合理原则进行反垄断分析，这一结论同样适用于银行卡组织实施的纵向限制。也就是说，当银行卡组织实施的某项纵向限制受到反垄断法质疑时，需要基于合理原则分析该项纵向限制对竞争的影响。进一步地，必须注意到的是，银行卡组织属于典型的双边平台型企业，而传统的反垄断理论多以单边型企业为研究对象。那么，在适用合理原则分析银行卡组织的纵向限制行为对竞争的效应时，其双边平台性

---

① 对纵向限制合理性的最为有利也最为有力的解释是"搭便车"理论。在美国，自 1977 年 Continental T. V. v. GTE Sylvania Inc.（1977）一案后，对纵向非价格限制一般适用合理原则；自 1997 年 State Oil Co. v. Khan（1997）一案后，最高转售价格维持也适用合理原则。

质对相关分析有何影响呢?

4.4.2.1 双边平台的临界规模

我们首先来看与双边平台有关的一个重要概念,这在此后的分析中将会多次被用到,这就是临界规模(critical mass)。双边平台必须努力达到和超越其临界规模,才能成为一个真正可行的平台。在双边平台经济学语境下,临界规模是指平台恰好达到了这样一种状态,即平台在市场两边均吸引了足够多的客户,从而可以为两边客户创造价值,借此可以吸引更多客户加入和使用平台。一旦达到了临界规模,双边间的间接网络外部性和正反馈效应将自行推动平台起飞和增长。下面借助图 4-1 予以说明。

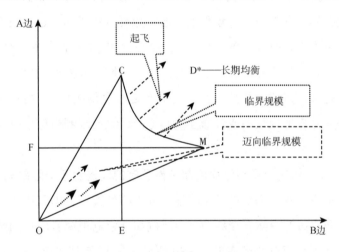

图 4-1 临界规模与起飞

资料来源: Evans D S. Economics of Vertical Restraints for Multi-sided Platforms [D]. University of Chicago Institute for Law & Economics Oline Research Paper, 2013, No. 626.

在图 4-1 中,CM 是临界规模曲线,曲线上的点表示达到临界规模所需要的双边用户数量的各种可能的最小组合。达到临界规模意味着平台所面对的双边市场达到了一定的"厚度",可以支撑平台的可持续增长,直到实现其自身的长期最优,例如在图 4-1 中的 D*。并且,双边平台在迈向临界规模的过程中,遵循的增长路径应该是在三角形 OCM 内部(可以包括边缘),因为任何一边用户过多而另一边用户过少都很可能导致平台陷入萎缩。

如果一个双边平台无法达到其临界规模，就意味着不能给那些已经加入平台的客户提供足够的价值，这不仅会导致现有平台客户流失，而且也很难吸引新客户的加入，进而导致平台陷入恶性循环。例如，当 A 边客户减少对平台的参与时，平台对 B 边客户的价值就会降低，从而导致 B 边客户对平台的参与也下降，这会进一步导致 A 边客户减少对平台的参与，最终导致平台自行萎缩、衰败。从实践上来看，多数双边平台在起步时会首先吸引并设法留住敢于尝试的、对平台的未来有信心的早期使用者，以此为基础吸引另一边和同一边的更多的客户加入平台，从而达到其临界规模。不过，加入和参与一个新兴平台通常会有一些成本，这些成本可能是资金上，也可能是时间上的、精力上的或者其他方面的成本①。因此，必须能够让平台的早期使用者和潜在客户形成预期，或者说确信平台的另一边将会有越来越多的客户加入，从而平台可以取得成功②。而在令早期使用者和潜在客户形成预期或者增强信心方面，纵向限制措施可以发挥重要的作用。

4.4.2.2 银行卡组织纵向限制可能具有的促进竞争与限制竞争效果

一般来说，双边平台可以粗略地划分为两种类型，即双边客户间无交易的平台和双边客户间有交易的平台。例如，像电视或者门户网站这样的媒体平台，主要面对两类客户，一边是观众（或者浏览者，viewers），另一边是广告商（advertisers），媒体平台对两边客户的定价结构是否恰当是决定平台能否取得可持续增长的一个重要因素。观众登录和使用平台通常并不是为了看广告，观众和广告商之间并没有发生直接的经济交易。类似这样的双边平台就是双边客户间无交易的平台，而银行卡组织显然不属于此类。银行卡组织面对的两类主要客户分别是持卡消费者和特约商户，消费者加入银行卡组织平台的目的是更方便地在商户那里完成商品或服务的

---

① 从机会成本的角度理解。
② 从平台的角度看，就是达到临界规模，继而步入可持续的增长阶段。

购买交易，商户加入银行卡组织平台的目的是更方便地完成消费者发起的购买交易。显然，持卡消费者和特约商户之间会发生经济交易。实际上，银行卡组织是否可以取得成功，直接取决于消费者和商户之间的交易有多少会选择通过该银行卡组织平台来完成。

可见，银行卡组织属于双边客户间有交易的平台。这样的平台取得成功的关键通常是其能够在多大程度上降低双边客户的交易成本，增加双边客户间的正外部性，减少双边客户间的负外部性，以此提高平台对双边客户的价值，而一些纵向限制措施有助于平台达到这些目标。与此同时，双边平台也可能利用纵向限制措施排除、限制竞争。下面以银行卡组织反垄断政策实践中涉及较多的三类纵向限制为例分别予以具体探讨。

（1）搭售行为可能具有的促进竞争与限制竞争效果。无论是在反垄断司法实践中，还是在传统的反垄断理论中，关于搭售行为对竞争的影响都是有争论的。从理论上看，对于搭售具有反竞争效果的理论解释主要包括杠杆理论、规避价格管制、掠夺性定价以及价格歧视等。其中，对搭售行为进行谴责时经常引用的（也是最为古老的）理论是杠杆理论。

应用杠杆理论对搭售行为予以谴责，主要基于这样的观点，即：在结卖品（tying products）市场上拥有垄断地位的企业，可以利用搭售这种手段，在搭卖品（tied products）市场上获得更高的利润。不过，这一理论在过去半个世纪以来，受到很多学者的批评[1]，一些法院也认为该理论缺乏说服力。这是因为，在不搭售的情况下，结卖品的垄断者本就可以对结卖品收取利润最大化的垄断价格，而在搭售情况下，决定消费者需求量的是"'结卖品＋搭卖品'的整体组合价格"，结卖品的垄断者无法通过收取比单独出售时"结卖品垄断价格＋搭卖品价格"更高的总价格来增加其总利润，除非搭售行为封闭了搭卖品市场的很大部分，从而严重削弱了搭

① Bowman W S. Tying Arrangements and the Leverage Problem [J]. The Yale Law Journal, 1957, 67（1）：19－36；Ahlborn, C, Evans, D S. & Padilla A. J. The Antitrust Economics of Tying: A Farewell to Per Se Illegality [J]. The Antitrust Bulletin, 2004：287.

卖品市场的竞争。例如，即便在长途客运服务上具有很高市场势力的铁路客运公司选择搭售某品牌的纯净水或者方便面，也不可能封闭纯净水或者方便面市场的很大部分，因此，尽管铁路客运公司有条件采取搭售行为，但由于受到需求曲线的制约，它并不能借此获得比单独出售情形下更高的总利润，也就不太可能导致什么值得高度注意的限制竞争效果。可见，一个在结卖品市场上拥有垄断地位的企业确实无法通过搭售行为在结卖品和搭卖品这两个市场上获得比不搭售情况下更高的总利润，尤其是在搭售并没有封闭搭卖品市场的很大部分的情况下。

与杠杆理论相似，其他用于论证搭售行为反竞争效果的理论也只是在特定条件下才有说服力。通常来说，一个没有显著市场势力的企业实施搭售行为，不太可能具有什么值得高度警惕的反竞争效果，相反地，在很多情况下可能有利于促进竞争、提高效率①。对银行卡组织这类双边平台而言也是如此。并且，银行卡组织的双边平台性质可能会给其搭售行为又增添了一重合理性。在双边市场上存在这样一种可能：平台的 A 边客户可能会因平台的 B 边客户使用平台提供的另一产品或服务而从中受益。例如，一个网上购物平台可能要求商户使用其支付平台完成交易，这可以理解为在该购物平台提供的匹配和撮合服务基础上搭售了支付平台服务。不过，通常来说，这样的搭售对竞争并不会造成损害，因为它有利于买卖双方更有效率、更有保障地完成交易②。银行卡组织在很多时候会要求商户一旦受理其银行卡，则当消费者恰当地出示该品牌的银行卡时，或者说当消费者恰当出示的银行卡上有该银行卡组织的品牌标志（logo）时，不论这张银行卡是信用卡还是借记卡或者其他什么类型，商户都不能拒绝受理③。

---

① 霍温坎普. 联邦反托拉斯政策：竞争法律及其实践［M］. 许光耀等译. 北京：法律出版社，2009：446.

② 例如，在淘宝网的交易一般需要使用支付宝完成。支付宝提供的一定期限内的第三方资金存管服务，为买家和卖家的利益都提供了保障。实际上，淘宝网（以及阿里巴巴）的成功很大程度上正是由于它提供的这种付款机制降低了由于社会信用体系不健全、买家和卖家之间信任不足所造成的交易障碍。

③ 这是历史上长期被银行卡组织使用的不分卡种的受理所有卡规则。

有些商户可能会因为受理信用卡的成本高于借记卡，而认为银行卡组织的这个条款对它们不利，但对消费者而言，这个规则会使得他们在购物现场不会因商户只受理特定卡种而无法通过银行卡完成交易（并避免可能由此带来的尴尬）。简单来说，即便这种搭售在直观上对商户不利，但也不能忽略这对平台另一边的消费者可能有利，继而可能通过间接网络外部性和正反馈效应给商户带来更多的交易利益。因此，分析银行卡组织搭售对竞争的影响，不应只考察该搭售行为对平台一边的影响，还应考察其对平台另一边的影响以及可能的正反馈效应。

总之，如果是一个新进入的银行卡组织或者一个市场势力不显著的银行卡组织，采取某种形式的搭售安排，很可能是其为了提高平台价值、实现临界规模和可持续增长的手段，通常来说不需要引起多少反竞争的担忧。如果是一个在位的具有显著市场势力的银行卡组织实施某种搭售安排，那么需要基于合理原则具体分析这种搭售安排对竞争可能产生的限制以及促进作用，特别是它是否会封闭搭卖品市场的很大部分从而严重削弱搭卖品市场的竞争，或者通过搭售实施掠夺性定价以期赶跑搭卖品市场的竞争者之后在搭卖品市场实施垄断定价。在进行合理原则分析时，必须考察相关搭售行为对银行卡组织双边客户的影响，以此为基础综合评价其对相关市场的竞争的影响。

（2）排他性交易可能具有的促进竞争与限制竞争效果。前面述及，历史上，美国的银行卡组织曾经使用排他性规则禁止成员机构发行其他竞争性银行卡品牌的卡片[1]，这显然属于反垄断政策中所指的排他性交易（exclusive dealing）。大量的反垄断司法实践和理论研究已经对排他性交易可能存在的促进竞争的效果予以解释和证明。相关理由主要包括：提高需求的确定性，降低企业风险，增进其做出对所有顾客有利的资源计划的能力；激励企业开展对沉没成本的投资，且这种投资可能是企业提供产品或

---

[1]　这里所谓的"竞争性银行卡品牌"，在早期的维萨看来主要是指万事达，到了 20 世纪 90 年代左右，则主要是指美国运通和发现卡公司。

服务所必不可少的；以及避免顾客在享受某企业提供的服务后转而到其他企业完成购买①导致的"搭便车"现象等。而对银行卡组织排他性交易的反垄断政策，还需要注意其双边平台性质或许为相关排他性交易可能促进竞争提供了更多解释。

首先，排他性交易有助于更有效率的平台解决双边需求的协调问题。通过让 A 边客户与 B 边更多的客户互动，双边平台可以为 A 边客户提供更多的价值。从理论上来说，如果忽略产品差别，平台之间的竞争会倾向于使需求向更有效率的平台转移和集中。但从实践上来看，即便是一个可能更有效率的平台也会面对需求的协调问题。如果更多的客户转移到某个更有效率的平台，那么客户自身将会从中受益，但是转换成本以及不对称信息的存在也许会阻碍这种转移。如果这个更有效率的平台能够通过排他性合同将更多双边客户的需求固化到其平台上，那么双边客户的需求协调问题也就更容易被解决。

其次，排他性交易有利于解决客户加入的沉没成本问题。A 边客户加入平台如果需要付出一些沉没成本，将会抑制 A 边客户加入的积极性。此时，若平台能与更多的 B 边客户达成排他性交易合同，确保足够多的 B 边客户的加入，则平台就可以使 A 边客户对加入平台的价值产生足够的预期，从而使 A 边客户愿意付出相应的沉没成本以加入平台。

最后，排他性交易有助于平台及其客户确信本平台可以达到临界规模，从而进入可持续增长的阶段。排他性交易合同所带来的确定性的增加使得企业家和投资者更愿意对平台进行投资，这对一个新进入的（或者拟建的）双边平台而言尤其重要。如果不能提高平台的确定性并形成可靠的预期，新进入的双边平台甚至无法获得足够的投资，更不用说达到临界规模并实现可持续增长。而从一般意义上来说，一个新企业的加入对市场竞争通常具有促进作用，这一基本认识对双边平台市场适用，对银行卡组织

---

① 其他企业由于没有提供某企业所提供的服务，没有付出某企业为提供这种服务而产生的相应成本，从而可以为顾客提供更低的价格。

所在的银行卡清算市场也同样适用。

当然，银行卡组织这样的双边平台实施排他性交易也可能具有反竞争效果。从一般意义上来说，倘若存在显著的规模经济，一个在位的垄断者可能会在相关市场进入发生以前，说服足够多的客户与其签订排他性交易合同，使得潜在进入者无法获得足够多的客户以实现规模经济，从而阻止进入（也许是一个更有效率的竞争者），这就显然限制了相关市场的竞争。对双边平台来说，即便不存在显著的规模经济，双边客户间的间接网络外部性同样会使得排他性交易可能被用于阻止新平台的进入。在位平台可以通过提供优惠等手段与足够多的 A 边客户签订排他性交易合同——尤其是长期的排他性交易合同——将足够多的 A 边客户锁定，使得潜在进入平台无法获得这一边客户的加入，在双边市场条件下，新平台的进入就将被阻止，而在位平台可以向另一边客户收取高价。在这里，所谓的"足够多"是指这样一种程度，即令新平台的进入因无利可图而成为不可行。从这个意义上来说，在位的具有显著市场势力的银行卡组织实施排他性交易，可能对市场竞争产生明显的限制效果。

总之，一方面，一个新进入的银行卡组织可以通过排他性交易合同确保其平台一边有足够多的客户加入，提高平台对另一边客户的价值，通过间接网络外部性和正反馈效应使平台最终达到临界规模，并实现可持续增长，成为一个真正可行的平台。显然，这有利于促进银行卡清算市场的竞争。另一方面，一个在位的拥有显著市场势力的银行卡组织可能通过排他性交易合同在平台一边锁定足够多的客户，从而阻止竞争性银行卡组织进入银行卡清算市场，而这对银行卡清算市场的竞争将有限制作用。

（3）纵向行为约束可能具有的促进竞争与限制竞争效果。在商业实践中，产品或服务提供者有时候会对其客户的行为施加一些限制，这可以被称为纵向行为约束（vertical behavior restraints）。作为双边平台，银行卡组织面对的双边客户间具有间接网络效应。A 边客户（如商户）在数量和质量上的增加会提高平台对 B 边客户（如持卡消费者）的价值，而双边间的这种正外部性有利于提升平台对其所有客户的价值。反过来，如果平台A边的客户通过机会主义行为损害B边客户的利益，也是向B边客户施加了负的外部性，利益受到损害的B边客户对平台的评价将会下降甚至变成负的净评价，减少直至退出对平台的使用，而这又会通过双边间的间接网络效应减少平台对A边客户的价值，这种负的外部性会进一步导致平台对其所有客户的价值继续降低。因此，银行卡组织（以及其他双边平台）通常会对加入平台的客户的行为施加一些限制（或者通过设定标准阻止达不到必要标准的客户加入平台），以减少客户采取具有负外部性的行为，促进双边间正外部性的发挥。例如，商户要加入银行卡组织，通常要满足银行卡组织提出的若干标准，承诺采取和不采取某些特定行为①。当然，一些纵向行为约束也引起了反垄断执法机构和法庭的注意，因为这些纵向行为约束有时候可能会限制客户使用其他竞争性的平台，例如银行卡组织对商户实施的禁止额外收费规则。

前面已述，银行卡组织在其历史上曾经长期普遍应用禁止额外收费规则，直至受到反垄断法律挑战或者直接规制要求才在部分国家和地区予以放弃。一些反垄断执法机构、法庭或者规制机构认为，该规则限制了商户将消费者引导至其他支付平台的能力，因而具有反竞争性。从某种程度上看，这种观点不是没有道理。不过，银行卡组织的双边平台性质提醒我们，应该还要考察这一纵向行为约束对平台另一边的影响。如果没有禁止额外收费规则，商户可能对消费者采取机会主义行为。例如，当消费者在支付现场缺乏其他支付方式的时候，具有机会主义倾向的商户可能会向消费者使用该银行卡品牌额外收费。事实上，已经有证据表明商户可能会利用允许额外收费的政策实行价格歧视或者对消费者采取机会主义性质的额

---

① 具体例子可参见 "Visa Core Rules and Visa Product and Service Rules（14 October 2017）"，https：//usa. visa. com/dam/VCOM/download/about-visa/visa-rules-public. pdf。

外收费①。由于信息的不对称，这会降低持卡人使用该银行卡品牌所得到的体验质量，降低消费者对该银行卡组织的评价，进而通过这种负外部性的强化降低该银行卡组织对所有客户的价值。从这个意义上来说，禁止额外收费规则不仅直接对消费者有利，甚至可能最终对商户整体也有利，有利于运营一个良好的、可持续发展的银行卡组织平台，具有内在的商业上的合理性。当然，禁止额外收费规则（以及其他纵向行为约束）对竞争的净效应需要依据具体个案的特定市场条件进行具体分析。不过，前面在区分在位银行卡组织和新进入的银行卡组织的基础上，对搭售行为和排他性交易的竞争效果进行分析所得到的结论，总体上也适用于纵向行为约束。

4.5　本章小结

银行卡组织通常会在各自网络内部对发卡银行、收单银行和商户设定一些纵向限制规则，其中引起较多关注的主要包括排他性规则、禁止引导规则、禁止额外收费规则以及受理所有卡规则。一方面，相关理论研究主要集中在禁止额外收费规则和受理所有卡规则。有关禁止额外收费规则的研究有一个基本共识，这就是：如果额外收费不被禁止，交换费就将失去其平衡双边用户需求的功能而变为"中性"。因此，倘若认可交换费的平衡功能对银行卡组织的有效运营不可或缺，那么禁止额外收费规则就不应受到谴责。另一方面，直接对受理所有卡规则进行的经济学分析并不多见，现有研究认为，将借记卡和信用卡捆绑的受理所有卡规则可以通过所谓的重平衡效应，提高银行卡组织的总交易量，但对社会福利的影响并不清晰。

---

① Office of Fair Trading. Payment Surcharges ［EB/OL］. http：//www. oft. gov. uk/shared_oft/supercomplaints/OFT1349resp. pdf，2012；Reserve Bank of Australia. A Variation to the Surcharging Standards：Final Reforms and Regulation Impact Statement ［EB/OL］. http：//www. rba. gov. au/payments-system/reforms/cards/201206-var-surchargingstnds-fin-ref-ris/pdf/201206-var-surcharging-stnds-fin-ref-ris. pdf，2012.

与对交换费定价的监管相似，美国、澳大利亚和欧盟对银行卡组织纵向限制的监管模式各有特点。不同之处在于，美国迄今为止没有对银行卡组织纵向限制采取过规制机构事前监管的方式。从具体监管政策的不同来看，在美国，维萨、万事达已取消禁止引导规则，美国运通仍予维持，禁止额外收费规则被维持；在澳大利亚，禁止引导规则、禁止额外收费规则均被废除；在欧盟，禁止引导规则被废除，禁止额外收费规则根据支付工具是否受交换费规制实行区别对待。而从具体监管政策的相同之处来看，三个典型国家和地区均禁止了网络的排他性规则，将借记卡和信用卡捆绑销售的受理所有卡规则均被取消或废除，而要求商户受理不同发卡机构发行的同类卡片的受理所有卡规则均得到维持。

基于现有的反垄断理论和经验，对纵向非价格限制一般应该适用合理原则分析。进一步地，传统的反垄断理论多以单边型企业为研究对象，在适用合理原则分析银行卡组织纵向限制措施时，必须注意其双边平台性质对相关分析的影响。双边平台必须努力达到和超越其临界规模，才能成为一个真正可行的平台。银行卡组织取得成功的关键通常是其能够在多大程度上降低双边客户的交易成本，增加双边客户间的正外部性，减少双边客户间的负外部性，以此提高平台对双边客户的价值，从而达到和超越其临界规模，而一些纵向限制措施有助于平台达到这些目标。从总体上来看，无论是搭售（如受理所有卡规则）、排他性交易，还是一些纵向行为约束（如禁止额外收费规则），在进行合理原则分析时，应该区分涉案的银行卡组织是新进入的还是在位的，其市场势力显著还是不显著。一个新进入的、市场势力不显著的银行卡组织，实施某些纵向限制往往是为了提高其平台价值、实现临界规模及可持续增长，因而通常具有促进竞争的效果。相反地，一个在位的具有显著市场势力的银行卡组织实施某些纵向限制，则需要引起监管机构的注意，应基于合理原则具体分析其对竞争可能产生的限制以及促进效果。并且，在进行相关分析时，必须摒弃单边逻辑，考察涉案行为对发卡市场、收单市场、消费者和商户的影响。

5

银行卡组织的标准竞争

5.1 案例导入：维萨的"封堵"威胁[①]

2010 年 6 月，维萨国际组织向全球会员银行发函，要求从当年 8 月 1 日起，凡在中国境外受理带维萨标志的双标识信用卡时，不论刷卡消费还是 ATM 取现，都不得走中国银联清算通道，否则维萨将重罚收单银行，维萨的"封堵"威胁一时间成为舆论焦点。

5.1.1 "封堵"威胁的背景和动因

VU 双标卡[②]原本是中国银联成立之初与维萨等国际银行卡组织合作的产物。

从维萨方面看，由于暂时无法从事境内人民币银行卡清算业务，不能单独发行人民币银行卡，一方面为了获取境内消费者境外用卡收益，另一

---

① 本节主要内容作为阶段性成果已公开发表。
② 兼有"VISA""银联"标识的信用卡，本书简称其为"VU 双标卡"。

方面为了迅速增加境内持卡人数量，及早研究境内消费者持卡及用卡行为规律，以便为将来政策放开时全面进入境内人民币银行卡跨行交易转接清算市场预先发展持卡人，选择与境内唯一的人民币银行卡组织中国银联合作，发行在境内外都可以使用的双标卡是外资准入约束下的最优策略。维萨做了一个理想的铺垫，即几乎所有的 VU 双标卡都按维萨标准发行，表现为卡片 BIN 号以"4"开头，按照国际银行卡组织坚持的"谁的 BIN 号谁转接"的原则，当境内人民币银行卡跨行交易转接清算外资准入放开后，VU 双标卡持卡人自然将首先是维萨的客户。

从中国银联方面看，在境外受理网络覆盖面从零开始的背景下，与维萨合作发行双标卡，由于增加了卡片的境外受理功能，有助于增加印有"银联"标识卡片的发行量和境内用卡收益，尽管发卡标准不是银联的，但仍有利于银联"锁定"绝大部分有潜在境外用卡需求的持卡人[①]，并稳步推进其境外受理网络的铺设。设想，如无卡片右下方的维萨标识，谁会申领一张单标识银联卡以满足其境外用卡需求？境外商户又怎么会选择受理一个没有多少持卡人的银行卡品牌？可以说，双标卡的出现在很大程度上解决了中国银联拓展境外市场的所谓"鸡生蛋还是蛋生鸡"问题。维萨与中国银联之间的合作有个不成文的默契，即 VU 双标卡境内交易走银联通道，境外交易走维萨通道。然而，这一合作随着中国银联对双标卡认识的转变及其境外受理网络的铺设而受到冲击。

中国银联很快认识到银行卡组织间竞争的关键是标准的竞争，卡片按谁的标准发行谁就会在将来拥有竞争的主动权，而已有的 VU 双标卡几乎都是按维萨的标准发行，并且由于双标卡的境外受理优势，导致银联标准信用卡的发行进展缓慢，因此从 2006 年起中国银联便积极游说监管部门叫停双标卡，并积极铺设境外受理网络。不难理解，在境内人民币银行卡跨行交易转接清算外资准入放开之前，双标卡一旦被取消，就意味着维萨等国际银行卡组织只能向境内客户发行自身单标识的外币银行卡，则其发

---

① 未来可择机建议这部分持卡人将双标卡转换为银联标准卡。

卡量必然急剧下降，预先发展持卡人的策略将无法继续实施，随着中国银联在境内外的扩张，维萨在境内的市场空间将急骤萎缩。尽管由于中国银联游说叫停双标卡的做法被指侵犯客户利益，引起商业银行、公众舆论的广泛质疑，双标卡迟迟未被监管部门明确取消；但由中国银联主要负责研发的金融 IC 卡 PBOC2.0 标准在 2005 年已经成为我国 EMV 迁移（磁条卡升级到芯片卡）的国家标准，由中国人民银行牵头推进实施，而且该标准当时并未兼容其他国际银行卡组织的 EMV 标准①，这就意味着随着该标准的全面实施，从长远看必将"消灭"双标卡的发行。中国银联借助行政力量"封堵"维萨等国际银行卡组织巨头境内市场的意图十分明显。

此外，维萨从双标卡中获得的境外清算收益当时也正不断受到来自中国银联的挤压。一方面，境内人民币银行卡跨行交易转接清算市场并未如维萨的预期于 2006 年底开放，维萨自身标准的双标卡仍然不能获得境内人民币银行卡清算收益；另一方面，"境内交易走银联通道，境外交易走维萨通道"的默契却由于银联境外受理网络的铺设及其交易成本优势而被打破，双标卡持卡人在境外交易时也首选银联通道，从而使维萨从双标卡中获取的境外清算收益受到挤压，为此维萨早在 2009 年就警告了中国银联，但中国银联不以为意，并且还在扩大与其他国际银行卡组织合作的同时，拒绝与维萨开展任何新业务。

归纳起来，维萨发出"封堵"威胁主要源于两点：

（1）境内人民币银行卡跨行交易转接清算业务因外资准入限制而被中国银联垄断，且这种垄断可能因中国 EMV 迁移国家标准的强制推行而得到强化，维萨境内市场战略遭遇严重挫折，"封堵"威胁是其对中国银联和中国监管部门的一次反击。

（2）中国银联境外受理网络不断扩张，由于交易成本优势实际上逐渐"封堵"了维萨通道，而维萨先前的警告不但被银联拒绝，反而导致其新业务开展受阻，按照"谁的 BIN 号谁转接"的一般原则，维萨的"封堵"

---

① 2013 年正式颁布的升级版本 PBOC3.0 也未实现与国际通行 EMV 标准的兼容。

也算是企业的正常反应。

5.1.2 "封堵"威胁的可信性

那么，维萨的"封堵"威胁可信吗？我们不妨首先假设：条件一，在满足用卡需求的前提下，消费者将尽可能少地持有卡片；条件二，暂不考虑其他国际银行卡组织的对华业务。

在以上假设条件下，如果"封堵"彻底实施，那么由于必须走维萨通道，双标卡持卡人境外交易成本将会提高，由此对消费者持卡选择和维萨的相应影响可以分为两种情形考虑：

（1）境外用卡预期需求越少的消费者，越倾向于仅持有一张信用卡，可以是单标识的银联卡，也可以是双标卡。尽管前者有交易成本优势，后者有受理网络优势，但由于境外用卡预期需求少的假设与银联境外受理网络铺设进展的现实，交易成本优势和受理网络优势对持卡人来说均不会太明显，消费者的持卡选择取决于其他因素，比如发卡行推介，抑或仅仅出于偶然。这部分消费者即使选择持有双标卡，因其境外用卡预期需求少，给维萨带来的境外清算收益也非常有限。需要说明的是，不论境内消费者的境外用卡预期需求多还是少，在境内人民币银行卡跨行交易转接清算外资准入限制条件下，如果仅持有一张信用卡，理性消费者应不会选择单标识维萨卡。

（2）境外用卡预期需求越多的消费者，越倾向于分别持有一张单标识银联卡和维萨卡，以便既能享有银联卡的交易成本优势，又能享有维萨卡的受理网络优势。尽管申请并持有两张单标识卡较之于申请并持有一张单标识银联卡或双标卡，成本会增加，但对境外用卡需求预期较多的消费者而言，同时享有交易成本优势和受理网络优势是重要的。

结合中国实际，因为境内绝大部分消费者在今后较长时期内仍将属于上述第一种情形，"封堵"的彻底实施使 VU 双标卡的受理网络优势将被交易成本劣势所抵消，从而不利于 VU 双标卡的持有和发行；进一步放宽上述假设条件二，则 VU 双标卡的持有和发行前景会因其他国际银行卡组织（尤其是万事达）的竞争而变得更为严峻。此外，"封堵"的彻底实施将导致 VU 双标卡存量持卡人对维萨和成员银行的不满升级，并导致持卡人与成员银行间的纠纷甚至诉讼，从而使成员银行与维萨合作的互信基础受到损害。这些都将使维萨在境内人民币银行卡跨行交易转接清算外资准入放开前预先发展持卡人的策略严重受阻。

进一步地，彻底的"封堵"意味着与中国银联的彻底决裂，而其他国际银行卡组织巨头与其协调行动的可能性微乎其微[①]，通过"封堵"施压中国在短期内放开境内人民币银行卡跨行交易转接清算市场的外资准入不可能实现。最终，当境内人民币银行卡跨行交易转接清算外资准入放开之时，维萨在境内银行卡组织竞争格局中将处于十分不利的地位，这显然不符合维萨在潜力无限的中国银行卡市场的长远利益。

然而，与诸多不利相比，"封堵"的彻底实施对维萨的有利之处却仅在于以下两个方面：一是在境内双标卡存量持卡人变换持有的卡种之前，增加从其境外交易中获取的清算收益；二是在一定程度上阻滞中国银联境外受理网络的铺设进度，延缓竞争对手的成长速度。可以看到，与之前分析的长远利益损失相比，以上两点总体上是不可持续的短期利益，对维萨来说应该是得不偿失。

因此可以推断：维萨不可能实施彻底的"封堵"，即"封堵"威胁不可置信；发出这一威胁如果不是维萨面对对华业务"内外交困"的一次情绪化反应，就是其为了叩开中国境内人民币银行卡跨行交易转接清算市场而与美国政府合演的一出双簧，而后一种情形应该更接近真相，也是发出此番威胁的主要动机。事件的进展似也对此予以了印证。一方面，"封堵"令本身并未于 2010 年 8 月 1 日起如期严格实施，VU 双标卡的境外交易实

---

① 该行为受制于寡头合作的不稳定性、中国银联的官方色彩以及涉嫌垄断协议。

际上并未全面禁止选择走银联通道①；另一方面，美国贸易代表署于 2010 年 9 月就"中国电子支付服务措施案"正式向世贸组织提出磋商请求，指控针对在中国境内以人民币进行交易的支付卡，只有中国银联被允许提供电子支付服务。从维萨的"封堵"到美国政府向世贸组织的正式指控，民间与政府合力推动中国开放境内人民币银行卡跨行交易转接清算市场的意图显露无遗。

5.1.3 "封堵"威胁与标准竞争

"'封堵'威胁不可置信"这一结论建立在"境内人民币银行卡跨行交易转接清算业务的外资准入终将放开"这一假设预期之上。从实际情况看，维萨与美国政府确实抱有这种预期，并且通过发起"中国电子支付服务措施案"试图加速实现这一预期。即使从中国方面看，中国银联要真正发展成为具有国际竞争力的银行卡组织，进入他国经营当地货币银行卡跨行交易转接清算业务是必然要求，而在世贸组织"对等地向其他成员开放本国市场"的互惠原则框架下，中国相应地放开境内人民币银行卡跨行交易转接清算的外资准入也是必然趋势。2010 年发出"封堵"威胁以后，维萨并没有真正严格实施"封堵"。此后，世贸组织于 2012 年裁定中国政府赋予和维持了中国银联在境内人民币银行卡清算市场的垄断地位。2014 年 10 月 29 日召开的国务院常务会议决定放开银行卡清算市场，2015 年《国务院关于实施银行卡清算机构准入管理的决定》发布，2016 年《银行卡清算机构管理办法》发布。可见，境内人民币银行卡清算市场开放的预期确已逐渐变为现实。

前面的分析也表明，"封堵"威胁始终与银行卡组织之间对卡片 BIN 号的标准竞争密切相关。"谁的 BIN 号谁转接"是国际通行惯例，因此，

---

① 尽管如此，境内一些商业银行当时已经开始鼓励客户优先选择银联与万事达合作发行的双标卡。

银行卡组织之间的竞争就直接体现为基于自身标准发行各自 BIN 号卡片和铺设相应受理网络的竞争。随着境内金融 IC 卡迁移的大力推进，银联标准的芯片卡在境内拥有越来越多的持卡人和受理终端。然而，尽管我国已经从政策上开放境内人民币银行卡清算市场，但至今仍无其他机构取得银行卡清算业务许可证，究其原因，主要是我国出台的相关规定要求申请银行卡清算业务许可的机构必须遵循相关国家标准和行业标准，其中包括现行金融 IC 卡迁移的 PBOC3.0（2013）标准，但该标准与外资银行卡组织的 EMV 标准仍不够兼容，这就使得外资银行卡组织面对一个很大的难题，即：若遵循 PBOC3.0 标准进入中国市场，在中国发行的卡片将无法在境外特约商户实现受理，也就无法利用其境外受理网络优势推动其境内发卡和受理网络的建设，同时，在境外发行的卡片也无法在境内特约商户实现受理，这将减损银行卡组织的品牌价值；除非外资银行卡组织为实现与 PBOC3.0 标准的兼容，在全球范围内全面改造其发卡标准和受理终端，但这种改造不仅成本高昂，经济可行性低，而且境外受理终端的改造可能使中国银联坐享"搭便车"利益。因此，关于金融 IC 卡迁移的 PBOC3.0 标准，可能对外资银行卡组织进入境内人民币银行卡清算市场构成了一定程度的障碍。

5.2　银行卡组织标准竞争的政策逻辑：产业安全与金融安全

标准竞争是市场竞争由传统的质量、品牌竞争向技术竞争演化的高级形式，不同标准的竞争最后会在标准的互斥、兼容或统一三者中选择其一。从统一标准的形成来看，通常可以分为法定标准和事实标准。法定标准通常是由一个国家或者国际间组织基于维护社会公共利益的需要而制定的；事实标准则是由企业自主研发和设计，经由相关产品或服务得到更多用户的使用和认可，在市场竞争中形成的，是市场选择的结果。当前，国际银行卡组织之间的标准竞争集中体现在由中国银联主要负责研发并由中国人民银行发布和推行的 PBOC3.0 标准与其他主要国际银行卡组织推行的 EMV 标准之间的竞争，前者具有法定标准的特征①，后者具有事实标准的特征。前面已述，关于金融 IC 卡迁移的 PBOC3.0 标准，一定程度上已经成为外资银行卡组织进入我国人民币银行卡清算市场的一道障碍。那么，这一政策背后的逻辑何在？

5.2.1 自主品牌银行卡组织存在的必要性

从产业安全的角度看，一个对本国经济发展具有积极意义、具备成长的需求条件和要素条件的产业内部，没有一家本国资本控制的企业是不可想象的。

第一，银行卡支付可以缓解消费者流动性约束，提供更好的便利性和安全利益，有助于提升消费倾向，因此，银行卡的普遍使用并不仅仅是对现金支付方式的替代，其对消费的增长进而对经济的增长具有积极的促进作用。第二，中国银联的成立和运行有力地推动了境内银行卡的联网通用和跨行交易规模的迅速扩张，对银行卡使用广度和深度的提高起到了显著的推动作用。第三，得益于我国庞大的人口总量和经济增长的长期趋势，境内人民币银行卡跨行交易转接清算业务的现实需求与潜在需求容量巨大，而且基本具备企业成长的资本、技术、人力资源等要素条件。第四，银行卡跨行交易清算系统是整个支付系统②的重要组成部分。以中国银联银行卡跨行交易清算系统为例，虽然该系统 2016 年处理的业务金额仅占整个支付系统的 1.42%，但其处理的业务笔数却占到整个支付系统的

---

① 其法定性限于中国境内。

② 根据《中国支付体系发展报告（2016）》，各类支付系统包括中国人民银行大小额支付系统、全国支票影像交换系统、网上支付跨行清算系统、境内外币支付系统、同城票据交换系统、人民币跨境支付系统（一期）、银行业金融机构行内支付系统、银行卡跨行交易清算系统、城市商业银行汇票处理系统和支付清算系统、农信银支付清算系统。

43.28%①，也就是说，银行卡跨行交易清算系统的稳定运行直接关系到经济运行中四成以上的支付交易——尤其是与公众日常生活关系密切的小额交易——能否正常进行。如果没有一家本国资本控制的企业运行这种系统，而完全由外资控制，显然既不符合产业安全的要求，也可能不利于维护本国金融安全②。

5.2.2 自主品牌银行卡组织确需政策扶持

作为中国唯一的自主品牌银行卡组织，中国银联至今仅有 15 年的发展历史，而国际银行卡组织巨头大多已在行业中历练几十年。以与中国银联同为开放式组织的维萨为例，从其前身"美国银行卡公司"（1970 年成立）发展至今已有近 50 年历史，积累了深厚的国际市场竞争经验和能力。回顾我国银行卡组织发展的历史，如果当初过早地向外资开放境内人民币银行卡跨行交易转接清算市场，那么自主品牌银行卡组织就不可能发展到现在的水平，甚至连生存都无法维持。在这方面，澳大利亚的 Bankcard 就是前车之鉴。创立于 1974 年的澳大利亚 Bankcard 直到 1984 年仍在澳大利亚银行卡市场上占据绝对优势，但 1982 年、1983 年维萨和万事达先后进入澳大利亚银行卡清算市场，Bankcard 市场份额受到两大巨头的挤压而持续下滑。到 2001 年，Bankcard 信用卡发卡量市场占有率下滑至 15.4%，而维萨和万事达的占有率则分别达到 53.4% 和 22.7%。2006 年 2 月，Bankcard 宣布，由于持卡人、交易量、市场份额都在不断萎缩，2006 年

---

① 《中国支付体系发展报告（2016）》。

② 金融安全的表现形式是一国的金融制度、金融体系以及主体金融活动基本保持正常运行与稳定发展的状态，并且有能力抵御国内外来自金融领域的冲击，保护本国金融不受损害（杨大光，2004）。目前，维萨和万事达控制了大多数国家的银行卡跨行交易转接清算市场，很多国家已经没有自主的银行卡组织，但不应因此忽略其中可能蕴含的金融安全风险。此外，由于维萨和万事达等国际银行卡组织的母国均是美国，还应考虑到其中可能蕴含的政治风险。例如，2014 年 4 月，美国政府宣布的针对俄罗斯的一组新制裁措施迫使维萨和万事达停止向至少两家俄罗斯银行提供服务，从而损害了两家俄罗斯银行、相关商户和持卡人的正当利益。

12 月 31 日将结束经营。Bankcard 关闭以后，澳大利亚信用卡和签账卡组织市场完全被维萨、万事达所主导，美国运通、大莱的市场份额约占15% ~ 20%[①]。

那么，在我国已明确银行卡清算市场开放政策之际，若实施一步到位的彻底开放政策，中国银联是否还能继续发展壮大？在我国本土是否还会有其他自主品牌银行卡组织的发展空间？第 2 章关于银行卡组织竞争结构的分析已经表明，中国银联的业务优势主要体现在境内发行的数量庞大的借记卡，并且中国银联的境外业务比例极小，这也就意味着中国银联目前在境外尚不具备与维萨或万事达抗衡的实力。在当前条件下，如果实施一步到位的彻底开放政策，由于持卡人有可能仅用一张卡就可以实现全球通用，维萨等国际银行卡组织可能将大规模进入市场，凭借预先发展的大量双标卡持卡人和外币卡持卡人，以及其强大的境外受理网络优势，强势夺取中国银联在境内的市场份额。以中国银联仅仅 15 年发展所积累的经验和能力，特别是其境外受理网络的显著短板，可以预见，不但其境内市场份额可能显著下滑，而且其卡片发行和持有的绝对数量也有可能下降，从而可能陷入"境外优势不足—境内优势削弱—境外优势进一步萎缩—境内优势进一步削弱……"的"死亡螺旋"，直至退出银行卡清算市场，或者退化为加入维萨等国际银行卡组织的收单机构或专业化外包服务机构，那么，这个领域就将逐渐被外资寡头所控制。同样地，由于没有境外网络，其他本土资本也很难有在境内开展银行卡清算业务的发展空间。

然而，由于银行卡组织是银行卡产业的关键枢纽，也是银行卡产业诸多规则和标准的制定者，因此，银行卡清算业务控制力的丧失还将导致对整个银行卡产业控制力的弱化甚至丧失，银行卡产业的发展将受制于人。进一步地，由于银行卡是重要的非现金支付工具，在小额支付中占据主导地位，银行卡（尤其是 EMV 迁移后的 IC 卡）中包含大量的私人信息和金

[①] 周琼. 从国外银行卡组织的历史与现状看银联发展路径之争 [J]. 上海金融，2007（4）：48 - 53.

融信息，银行卡产业控制力的弱化甚至丧失，将对金融信息和支付体系的安全构成不可估量的威胁。

因此，我国以 PBOC3.0 这一国家法定标准的形式与国际主流的 EMV 标准展开竞争的内在政策逻辑（或者说是合理性）可以概括为：一方面，无论是从产业安全还是金融安全的角度考量，自主品牌银行卡组织确有存在的必要；另一方面，由于中国银联目前在境外市场的比较劣势过于显著，一步到位地彻底开放很可能使中国银联陷入"死亡螺旋"。因此，在银行卡清算市场开放的总体政策已然确立的背景下，只有通过具体的条款（比如 IC 卡的技术标准①）限制或延迟外资银行卡组织进入市场，为中国银联的发展（特别是境外发展）尽可能争取一些时间和空间。

5.3 银行卡组织标准竞争的福利效应

第 2 章已经阐明，银行卡组织的经济特征之一是双边间的交叉网络外部性（或曰间接网络外部性）。毫无疑问，银行卡组织所从事的银行卡清算业务也具有一般的网络性产业特征，而网络性产业技术标准的实施可以带来显著的规模效应。学术界对于网络性产业的标准竞争已有不少卓越的研究。卡茨和夏皮罗（Katz & Shapiro，1985）对于录像机制式的 VHS 标准和 BETA 标准的竞争进行了分析，认为消费者只会购买一个竞争者的产品，并且在消费者中存在同质的网络效应。但是，德帕尔马等（De Palma et al.，1999）的研究却与此相反，他们在一个具有异质性网络效应的消费者环境下，建立两个企业进行数量竞争的模型，研究发现，两次购买行为明显影响产品市场的均衡本质和企业兼容决策，结论说明：如果消费者选择多归属，则厂商有充分的倾向选择兼容；如果完全不兼容，不依靠多归属，则社会福利最大。有些学者也对多归属和兼容进行了分析，结论基

---

① 同时，也有利于维护金融信息安全。

本相同，不过并没有对双边市场进行深入分析（Doganoglu & Wright，2006）。还有些研究表明，对于网络效应评价高的部分代理人其交通成本相对较低，多归属的那部分人的比例则较低（Poolsombat & Vernasca，2006）；认为代理人加入一个平台或者两个平台乃至不加入任何一个平台依赖于接入定价和另一边的代理人决策（Robert Roson，2005）。国内学者胥丽和陈宏民（2007）基于市场结构的差异对兼容和不兼容的银行卡组织的市场行为和绩效进行分析后认为，对于双边市场份额的分配机制和定价结构，市场结构和兼容性没有影响；而多归属行为在不兼容的双寡头结构下最有效率。基于对现有文献的分析，还没有针对银行卡组织之间标准竞争与兼容选择以及相关的福利效应进行的研究。本节利用 Hotelling 模型对银行卡组织标准竞争与兼容选择的福利效应进行分析。

5.3.1　模型设定

首先引入一个 Hotelling 竞争模型。假设有两个银行卡组织，表示为 i（$i = 1$，2），各自构建了银行卡清算网络，拥有各自的技术标准，消费者可以选择加入银行卡组织 1 或者银行卡组织 2（的网络），或者同时加入两个银行卡组织（网络）。为方便起见，假定消费者加入网络的收益为 bn。其中，n 是其加入网络后同属一个网络的其他消费者[①]的数量；b 是网络收益参数，因消费者评价的差异而不同，给网络收益高评价的概率为 α，此时 $b = b^H$，给网络收益低评价的概率为 $1 - \alpha$，此时 $b = b^L$，$b^H > b^L \geqslant 0$。消费者网络收益参数 b 的均值为 $\beta = \alpha b^H + (1 - \alpha) b^L$。消费者加入银行卡组织总是可以得到固定收益 b_B，例如携带并使用银行卡支付比携带并使用现金支付更加方便、安全等。并且，我们假定这个固定收益足够大，使

---

① 对于银行卡组织来说，消费者直接关心的是该银行卡组织签约商户的数量，不过，通常来说，持卡人越多的银行卡组织可以吸引越多的商户与其签约，两者之间存在正反馈效应。因此，为简化起见，可用其他消费者的数量衡量网络收益的大小。

得消费者至少会加入一个银行卡组织[①]；如果消费者加入两个银行卡组织，固定收益仍然是 b_B，因为消费者加入两个银行卡组织的原因仅在于网络收益。两个银行卡组织的"位置"差异[②]产生一定的交通成本。假定两个银行卡组织的距离为1，消费者均匀分布在该单位区间上，距离银行卡组织1的距离为 x，使用银行卡组织 i 的服务的交通成本为 $T_i(x) = tx(2-i) + t(1-x)(i-1)$（其中，$t$ 为单位距离交通成本）。另外，给网络收益高评价的消费者中加入银行卡组织 i 的比例为 s_i，给网络收益低评价的消费者中加入银行卡组织 i 的比例为 n_i。那么，当消费者加入和使用银行卡组织 i 的服务时得到的净效用为：

$$U_i = b_B - f_i - T_i(x) + bN_i \qquad (5-1)$$

其中，N_i 为同属银行卡组织 i 的消费者的数量，f_i 为加入和使用银行卡组织 i 的服务支付的价格[③]。当同一个消费者选择多归属，加入两个银行卡组织时，其获得的净效用为：

$$U = b_B - f_1 - f_2 - T_1(x) - T_2(x) + bN \qquad (5-2)$$

式（5-2）中，由于两个银行卡组织分布在单位区间的两端，消费者到两个银行卡组织的距离为1，因此 $T_1(x) + T_2(x) = t$，N 代表消费者的总数。多归属条件下 $N=1$，式（5-2）可以改写为：

$$U = b_B - f_1 - f_2 - t + b \qquad (5-3)$$

5.3.2 模型分析：三种情形及其比较

这里根据多归属的可能性和网络兼容性，首先区分为网络不兼容且单

---

① 在现实中，大部分消费者确实至少持有一个银行卡组织品牌的银行卡。
② "位置"差异包括但不限于因受理终端分布广泛性、可得性等导致的差异。
③ 现实中，因与不同发卡机构签约加入同一银行卡组织并使用相应的支付服务产生的相应成本可能不同，此处假定忽略这种差异。

归属、网络不兼容且多归属以及网络兼容三种情形，分别考察其均衡结果。在此基础上，对三种均衡结果进行比较，以进一步考察多归属条件下银行卡组织的兼容决策与社会最优决策之间的差异。

5.3.2.1 网络不兼容且单归属情形下的均衡

基于上述假定，在网络不兼容且消费者不能多归属的条件下，$N_i = \alpha s_i + (1-\alpha)n_i$，因此式（5-1）可以改写为：

$$U_i = b_B - f_i - T_i(x) + b(\alpha s_i + (1-\alpha)n_i)$$

相应地，

$$U_1 = b_B - f_1 - tx + b(\alpha s_1 + (1-\alpha)n_1)$$
$$U_2 = b_B - f_2 - t(1-x) + b(\alpha(1-s_1) + (1-\alpha)(1-n_1))$$

如果消费者不能多归属，那么加入每个银行卡组织的消费者的数量可以通过下面两个等式求出：$U_1(s_1,\ b^H,\ N_1) = U_2(s_1,\ b^H,\ N_2)$，$U_1(n_1,\ b^L,\ N_1) = U_2(n_1,\ b^L,\ N_2)$。具体地：

$$U_1(s_1, b^H, N_1) = b_B - f_1 - tx + b^H(\alpha s_1 + (1-\alpha)n_1)$$
$$U_2(s_1, b^H, N_2) = b_B - f_2 - t(1-x) + b^H(\alpha(1-s_1) + (1-\alpha)(1-n_1))$$
$$U_1(n_1, b^L, N_1) = b_B - f_1 - tx + b^L(\alpha s_1 + (1-\alpha)n_1)$$
$$U_2(n_1, b^L, N_2) = b_B - f_2 - t(1-x) + b^L(\alpha(1-s_1) + (1-\alpha)(1-n_1))$$

联立上述方程，求解可得：

$$s_1 = 1/2 + (f_2 - f_1)/2t + (f_2 - f_1)b^H/2t(t-\beta)$$
$$n_1 = 1/2 + (f_2 - f_1)/2t + (f_2 - f_1)b^L/2t(t-\beta)$$

进一步，可以得到：

$$N_1 = 1/2 + (f_2 - f_1)/2t(t-\beta)$$
$$N_2 = 1/2 - (f_2 - f_1)/2t(t-\beta)$$

通常可以假定 $t > \beta$。由于 $\beta = \alpha b^H + (1-\alpha)b^L$，这也就意味着 $t > b^L >$

$(1-\alpha)\ b^L$。

银行卡组织获得的利润为：

$$\pi_1 = (f_1 - c)(1/2 + (f_2 - f_1)/2t(t-\beta))$$
$$\pi_2 = (f_2 - c)(1/2 - (f_2 - f_1)/2t(t-\beta))$$

在银行卡组织对称、消费者网络收益参数 β 相同的情况下，对上述等式求一阶导数，得出每个银行卡组织的均衡价格为：

$$f_S^{\ *} = f_1^{\ *} = f_2^{\ *} = c + t - \beta$$

银行卡组织获取的均衡利润为：

$$\pi_S^{\ *} = \pi_1^{\ *} = \pi_2^{\ *} = (t-\beta)/2$$

其中 $\beta = \alpha b^H + (1-\alpha)b^L$。

可见，银行卡组织之间产品差别（t）越大，利润越大；网络效应越强（β），利润越低。这是因为在不兼容情形下，网络效应越强，银行卡组织之间争夺消费者和市场份额的竞争越激烈。

依前文，在既不兼容也不多归属的情况下，社会总福利应等于生产者剩余和消费者剩余的加权和：

$$W_S^{\ *} = b_B + \beta/2 - c - t/4 - 2(1-\delta)((t-\beta)/2) \qquad (5-4)$$

式（5-4）中，$\beta = \alpha b^H + (1-\alpha)\ b^L$，$\delta$ 是生产者剩余在总福利中的权重。前两项是网络不兼容且消费者单归属条件下的固定收益和网络收益；第三项和第四项分别为银行卡组织提供服务的成本与消费者的平均交通成本；最后一项对两个银行卡组织的剩余做了加权扣减处理。银行卡组织加成越高，社会福利越低。

5.3.2.2 网络不兼容且多归属情形下的均衡

当消费者可以加入两个银行卡组织时，即意味着消费者可以选择多归属。我们假设，所有对网络收益评价低的消费者选择单归属，而所有对网络收益评价高的消费者选择多归属，这就意味着 $s_i = 1$，$N_i = \alpha + (1-\alpha)n_i$。

此时，仅加入银行卡组织 1 的消费者得到的净效用为：

$$U_1 = b_B - f_1 - tx + b(\alpha + (1-\alpha)n_1)$$

仅加入银行卡组织 2 的消费者得到的净效用为：

$$U_2 = b_B - f_2 - t(1-x) + b(\alpha + (1-\alpha)(1-n_1))$$

同时加入两个银行卡组织的消费者得到的净效用为：

$$U = b_B - f_1 - f_2 - t + b$$

单归属的消费者加入银行卡组织 1 的比例 n_1 可以通过求解 $U_1(n_1, b^L, N_1) = U_2(n_1, b^L, N_2)$ 得到：

$$n_1 = 1/2 + (f_2 - f_1)/2(t - (1-\alpha)b^L)$$

银行卡组织 i 得到的利润为：

$$\pi_i = (f_i - c)(\alpha + (1-\alpha)n_i)$$

两个银行卡组织为争夺比例为 $(1-\alpha)$ 的单归属消费者而展开竞争。将解得的 n_1 分别代入 π_1 和 π_2，对利润函数分别求一阶导数，解得：

$$f_M^* = f_1^* = f_2^* = c + \frac{1+\alpha}{1-\alpha}(t - (1-\alpha)b^L)$$

在均衡条件下，银行卡组织的利润为：

$$\pi_M^* = ((1+\alpha)^2/2)(t/(1-\alpha) - b^L)$$

多归属条件下均衡的社会福利为：

$$W_M^* = b_B + \alpha b^H + (1-\alpha^2)b^L/2 - (1+\alpha)c - (1+3\alpha)t/4$$
$$- (1-\delta)(1+\alpha)^2(t/(1-\alpha) - b^L) \qquad (5-5)$$

式（5-5）中，等号右侧前三项是固定收益与网络收益，其中对网络收益低评价的消费者的网络收益比不存在多归属条件下时更多，这是因为在可能多归属的条件下，他们可以与多归属的消费者互动；第四项和第五项反映了银行卡组织提供服务的成本和消费者的平均交通成本；第六项则与单归属条件下相似，对两个银行卡组织的剩余做了加权扣减处理。

5.3.2.3 网络兼容情形下的均衡

当银行卡组织为了追求规模效应实施兼容策略时，它们都要额外付出一笔增加接受另一银行卡组织标准的兼容成本。对于拥有银行卡的消费者来说，网络兼容不仅降低了选择多归属时增加的开支，还可以享受更大的网络收益。此时，仅加入银行卡组织 1 的消费者得到的净效用为：

$$U_1 = b_B - f_1 - tx + b$$

仅加入银行卡组织 2 的消费者得到的净效用为：

$$U_2 = b_B - f_2 - t(1 - x) + b$$

同时加入两个银行卡组织的消费者得到的净效用为：

$$U = b_B - f_1 - f_2 - t + b$$

可见，在网络兼容的情形下，消费者做出多归属决策并不能得到额外的网络收益，反而将支出额外的注册成本和交通成本。因此在网络兼容情形下，消费者做出多归属决策不符合经济理性，所有消费者都会选择单归属。银行卡组织获得的利润为：

$$\pi_i = (f_i - c)(\alpha s_i + (1 - \alpha) n_i) - F$$

其中，F 表示银行卡组织做出兼容决策需要付出的一次性固定成本，并且 $s_1 = n_1 = 1/2 + (f_2 - f_1)/2t$。

分别对银行卡组织 1 和银行卡组织 2 的利润公式求一阶导数，可得：

$$f_C^* = f_1^* = f_2^* = c + t$$

因此，网络兼容条件下的银行卡组织的均衡利润可以简化为：

$$\pi_C^* = t/2 - F$$

均衡时的社会福利为：

$$W_C^* = b_B + \beta - c - t/4 - 2F - 2(1-\delta)(t/2 - F) \qquad (5-6)$$

5.3.2.4 三种情形下均衡结果的比较

以上分析表明，消费者和银行卡组织对多归属和兼容的不同决策组合，产生的市场效果不同，对此我们分别进行比较。

首先，在网络不兼容前提下，对单归属情形和多归属情形的市场效果进行比较，可以发现：

$$f_M^* - f_S^* = \frac{1+\alpha}{1-\alpha}(t - (1-\alpha)b^L) - t + \beta$$

$$= \left(\frac{1+\alpha}{1-\alpha} - 1\right)(t - (1-\alpha)b^L) + \alpha b^H > 0$$

$$\pi_M^* - \pi_S^* = ((1+\alpha)^2/2)(t/(1-\alpha) - b^L) - (t-\beta)/2$$

$$= \frac{1}{2}\left(\frac{(1+\alpha)^2}{1-\alpha} - 1\right)(t - (1-\alpha)b^L) + \alpha b^H/2 > 0$$

$$W_M^* - W_S^* = b_B + \alpha b^H + (1-\alpha^2)b^L/2 - (1+\alpha)c - (1+3\alpha)t/4 - (1-\delta)$$

$$(1+\alpha)^2(t/(1-\alpha) - b^L) - b_B - \beta/2 + c + t/4$$

$$+ 2(1-\delta)((t-\beta)/2) > 0$$

可以看出，在网络不兼容的大前提下，相对于不可以多归属的情形，允许多归属将使消费者支付的价格上升，银行卡组织的利润增加，原因主要是多归属消费者的存在使得银行卡组织仅需为争夺一定比例的单归属消费者展开竞争。在社会福利方面，与单归属相比，主要由于更大的网络效应的存在，多归属情形下的社会福利更高。

其次，我们比较网络兼容情形和网络不兼容且单归属情形的市场效果。回顾一下，在网络兼容的条件下，所有消费者都会选择单归属（没有消费者会选择多归属），也就是说，网络兼容情形等价于网络兼容且单归属情形。具体地：

$$f_C^* - f_S^* = \beta > 0$$

$$\pi_C^* - \pi_S^* = t/2 - F - t/2 + \beta/2$$

$$= \beta/2 - F$$

$$W_C^* - W_S^* = b_B + \beta - c - t/4 - 2F - 2(1-\delta)(t/2 - F) - b_B - \beta/2$$
$$+ c + t/4 + 2(1-\delta)((t-\beta)/2)$$

$$= \frac{(2\delta - 1)\beta}{2} - 2F\delta$$

$$= 2\delta(\beta/2 - \beta/4\delta - F)$$

可以发现，在单归属前提下，若两个银行卡组织网络兼容，消费者支付的价格会上升，原因在于消费者可以在网络兼容情形下享受更高的网络收益而无须付出额外的多归属成本。银行卡组织的利润在网络兼容条件下是否更高取决于两个因素，一是网络收益均值，二是为了实施兼容而投入的一次性固定成本。对网络收益的评价越高、给予高评价的概率越高，消费者支付的价格就越高，银行卡组织选择实施兼容的利润就越是倾向于增加[1]；实施兼容的一次性固定成本越高，银行卡组织选择实施兼容的利润就越是倾向于减少。仅当 $\beta/2 > F$，银行卡组织会选择兼容。而从社会角度看，仅当 $\beta/2 - \beta/4\delta > F$，网络兼容条件下的社会福利才会更高。在单归属情形下，私人最优相对于社会最优的过度兼容倾向可以用两个临界值的差表达，这里有 $E_S = \beta/2 - (\beta/2 - \beta/4\delta) = \beta/4\delta > 0$。可见，在单归属条件下，相对于社会需要来说，银行卡组织存在过度兼容的倾向。

最后，我们比较网络兼容与网络不兼容且多归属情形的市场效果。具体地：

$$f_C^* - f_M^* = c + t - c - \frac{1+\alpha}{1-\alpha}(t - (1-\alpha)b^L)$$

$$= \frac{(1-\alpha^2)b^L - 2\alpha t}{1-\alpha}$$

$$\pi_C^* - \pi_M^* = t/2 - ((1+\alpha)^2/2)(t/(1-\alpha) - b^L) - F$$

$$W_C^* - W_M^* = b_B + \beta - c - t/4 - 2F - 2(1-\delta)(t/2 - F) - b_B - \alpha b^H$$

---

[1] 在网络兼容情形下，银行卡组织无须为争夺更高的网络效应而竞争。

$$-(1-\alpha^2)b^L/2 + (1+\alpha)c + (1+3\alpha)t/4$$

$$+ (1-\delta)(1+\alpha)^2(t/(1-\alpha) - b^L)$$

$$= \frac{(1-2\alpha+\alpha^2)b^L}{2} + \alpha c + \frac{3}{4}\alpha - 2F - 2(1-\delta)\left(\frac{t}{2} - F\right)$$

$$+ (1-\delta)(1+\alpha)^2(t/(1-\alpha) - b^L)$$

$$= \frac{(1-2\alpha+\alpha^2)b^L}{2} + \alpha c + \frac{3}{4}\alpha + \frac{(1-\delta)((1+\alpha)^2+\alpha-1)}{1-\alpha}t$$

$$- (1-\delta)(1+\alpha)^2 b^L - 2F\delta$$

在网络不兼容的前提下，多归属削弱银行卡组织之间的竞争，增加网络效应，从而增加银行卡组织利润。一旦选择网络兼容，那么消费者就失去了选择多归属的动力。由于多归属增加利润，银行卡组织选择兼容的倾向会下降。仅当 $t/2 - ((1+\alpha)^2/2)(t/(1-\alpha) - b^L) > F$，银行卡组织才会选择兼容。而从社会角度看，仅当 $\frac{(1-2\alpha+\alpha^2)b^L}{4\delta} + \frac{\alpha c}{2\delta} + \frac{3}{8\delta}\alpha + \frac{(1-\delta)((1+\alpha)^2+\alpha-1)}{2\delta(1-\alpha)}t - \frac{1-\delta}{2\delta}(1+\alpha)^2 b^L > F$，网络兼容条件下的社会福利才会更高。在多归属情形下，私人最优相对于社会最优的过度兼容倾向可以用两个临界值的差表达，这里有：

$$E_M = \frac{t}{2} - \frac{(1+\alpha)^2}{2}\left(\frac{t}{1-\alpha} - b^L\right) - \frac{(1-2\alpha+\alpha^2)b^L}{4\delta} - \frac{\alpha c}{2\delta} - \frac{3}{8\delta}\alpha$$

$$- \frac{(1-\delta)((1+\alpha)^2+\alpha-1)}{2\delta(1-\alpha)}t + \frac{1-\delta}{2\delta}(1+\alpha)^2 b^L$$

$$= \frac{(1+6\alpha+\alpha^2)b^L}{4\delta} - \frac{\alpha c}{2\delta} - \frac{(15+\alpha)\alpha}{8\delta(1-\alpha)}t$$

则，

$$E_M - E_S = \frac{(1+6\alpha+\alpha^2)b^L}{4\delta} - \frac{\alpha c}{2\delta} - \frac{(15+\alpha)\alpha}{8\delta(1-\alpha)}t - \frac{\alpha b^H + (1-\alpha)b^L}{4\delta}$$

$$= -\frac{2(1-\alpha)b^H + 2\alpha^2 b^L + 12\alpha b^L - 14 b^L + (15+\alpha)t + 4(1-\alpha)c}{8\delta(1-\alpha)}\alpha$$

< 0

可见，在消费者可以多归属的情况下，银行卡组织实施兼容的动力下降，尤其是当很多消费者选择多归属、有些消费者对网络收益的评价很低、两个银行卡组织提供的服务差别很大的情况下。这意味着在多归属情况下，相对于社会需要而言，出现兼容不足的可能性增加，政策制定者需要更多地关注兼容不足的可能。

5.3.3　结　论

根据上述分析，我们可以得到两个基本结论：一是在单归属条件下，相对于社会需要来说，银行卡组织存在过度兼容的倾向；二是在多归属情况下，相对于社会需要而言，银行卡组织兼容不足的可能性增加。在银行卡清算市场上，消费者①通常可以选择加入两个（或以上）的银行卡组织，即选择多归属。例如，欧盟和美国的消费者通常可以持有多个银行卡组织品牌的银行卡，例如维萨、万事达、美国运通等。消费者多归属的能力可能会降低政策制定者对兼容问题的关注，似乎既然消费者可以选择多归属，便无须对银行卡组织提出更多的兼容要求或者强迫兼容。但本节的分析表明，以社会福利为基准，在多归属情形下，更有可能出现银行卡组织兼容不足的问题。进一步来看，在银行卡组织之间市场份额（主要是网络覆盖率）有较大差距时，拥有市场优势的一方对推进网络兼容的积极性更低，因为网络兼容将使它们不再拥有网络优势。

5.3.4　政策含义

如前所述，当前国际银行卡组织之间的标准竞争集中体现为，由中国银联主要负责研发并由中国人民银行发布和推行的 PBOC3.0 标准与其他主要国际银行卡组织推行的 EMV 标准之间的竞争。前面的分析表明，当消

---

① 这里取宽泛的理解，包括持卡人和商户。

费者可以多归属时，银行卡组织选择网络兼容的积极性下降，并且，拥有市场优势的一方对推进网络兼容的积极性更低。

从境内来看，我国已决定放开银行卡清算市场，如果维萨和万事达等国际银行卡组织实质进入境内银行卡清算市场，对网络收益评价较高的中国消费者很可能会选择持有两个（或以上）银行卡组织品牌的银行卡，比如增持维萨卡或者万事达卡，即选择多归属；并且，中国银联在境内银行卡清算市场目前具有显著优势地位，这就导致它在境内推进网络兼容的动力不足。而从境外来看，尽管维萨和万事达等国际银行卡组织各自应用的 EMV 标准彼此间的兼容性相对来说较高，但与中国提出的 PBOC3.0 标准的差异较大①，若要适应 PBOC3.0 标准，则需要在全球②按照 PBOC3.0 标准全面改造升级发卡规范和受理终端，成本不菲，并且在国际市场上维萨和万事达相对中国银联而言又具有明显的市场优势，这都降低了维萨和万事达在境外推动兼容的动力，只不过它们兼容动力的不足具有一定程度的被动性。

一方面，在银行卡清算市场开放的总体政策已然确立的背景下，当前对 PBOC3.0 应用的国家规定有利于限制或至少延迟外资银行卡组织进入市场，为中国银联的发展（特别是境外发展）尽可能争取一些时间和空间。另一方面，基于以下理由，应该考虑择机提高 PBOC3.0 标准与外资银行卡组织 EMV 标准的兼容程度。

（1）与外资银行卡组织的 EMV 标准相似，PBOC3.0 标准也是基于 EMV 基础标准开发出来的，中国银联 2013 年也加入了国际芯片卡标准化组织（EMVCo）③，不同的是，外资银行卡组织在接触式芯片卡④的应用标准上也基本一致，而 PBOC3.0 的应用标准与它们存在较大差异，单就技

---

① 目前，基于外资银行卡组织 EMV 标准的银行卡还不能利用芯片在基于 PBOC3.0 标准的受理终端上使用；反过来，基于 PBOC3.0 标准的银行卡也不能利用芯片在基于外资银行卡组织 EMV 标准的受理终端上使用。

② 维萨、万事达、美国运通和 JCB 在中国已经有不少成员银行和受理终端，只是限于处理银行卡外币交易。

③ EMVCo 的其他几个成员是维萨、万事达、美国运通、发现卡公司和 JCB。

④ 非接触式卡的应用标准目前差异更大一些。

术本身来说，缩小这种差异并没有什么难度。

（2）银行卡组织扩展市场规模、提高网络效应的一个基本手段或者说必然要求就是银行卡的"通用性"，如果不能提高两类标准的兼容程度，中国银联在境内按照 PBOC3.0 标准发行的银行卡在境外 EMV 标准的受理终端上便不能使用[1]，导致其不能为境内持卡人的境外用卡提供更好的服务，而要改造境外已经建成的 EMV 标准的受理终端难度极大[2]，这将对中国银联境外受理市场的拓展形成极大的制约。

（3）从境内市场来看，在消费者可以多归属的情形下，处于市场优势地位的中国银联对推动境内网络兼容的积极性显然不高，但前面的分析表明这可能倾向于导致相对于社会需要的兼容不足问题，减低社会福利，并且，对外资进入境内银行卡清算市场构造持久性的技术标准壁垒并不符合我国促进银行卡清算市场竞争的政策趋势；而若从全球范围考察银行卡组织，中国银联的受理网络就没有相对优势了，因此，提高两类标准的兼容程度，也便于中国银联一定程度上利用境外已建成的 EMV 标准的受理终端，推进境外受理市场建设。

总之，一方面，PBOC3.0 标准的强制应用规定有助于确保我国在银行卡产业技术标准上的主动性和维护我国金融安全，也有利于在银行卡清算市场开放之初为自主品牌银行卡组织的进一步发展争取时间和空间；另一方面，持久性的标准壁垒不仅不利于促进竞争和提高社会福利，也不利于自主品牌银行卡组织建设境外受理市场，推进实施国际化战略。

5.4　本章小结

银行卡组织之间的竞争直接体现为基于自身标准发行各自 BIN 号卡片

---

[1]　对此，笔者有亲身经历。

[2]　包括但不限于：POS 机具、ATM 改造升级的成本及利益相关方实施大规模改动的意愿等。

和铺设相应受理网络的竞争。当前，国际银行卡组织之间的标准竞争集中体现为中国的 PBOC3.0 标准与其他主要国际银行卡组织推行的 EMV 标准之间的竞争。金融 IC 卡迁移的 PBOC3.0 标准对外资银行卡组织进入境内人民币银行卡清算市场构成了一定程度的障碍，这一政策的合理性在于：自主品牌银行卡组织的存在有助于维护我国产业安全和金融安全，而一步到位的彻底开放很可能使中国银联无力应对国际银行卡组织大举进入的冲击。

消费者多归属的能力往往会降低政策制定者对兼容问题的关注，但本章的模型分析表明，以社会福利为基准，在多归属情形下，更有可能出现银行卡组织之间兼容不足的问题，并且，拥有市场优势的一方对推进网络兼容的积极性更低。结合实际来看，由于消费者和商户通常可以选择加入多个银行卡组织，并且中国银联在境内银行卡清算市场目前具有显著优势地位，这就导致它在境内推进网络兼容的动力不足。不过，如果不能提高两类标准的兼容程度，中国银联便不能为境内持卡人的境外用卡提供更好的服务，而要改造境外已经建成的 EMV 标准的受理终端几乎不可行，这将极大地制约中国银联拓展境外受理市场；此外，兼容动力的不足倾向于减少社会福利，并且，对外资进入境内银行卡清算市场构造持久性的技术标准壁垒并不符合我国促进银行卡清算市场竞争的政策趋势。因此，在坚持对我国 PBOC3.0（以及将来的升级版本）核心应用标准主导权的前提下，应考虑逐步扩大其与外资银行卡组织 EMV 标准的兼容程度，真正实现银行卡的境内外"通用"。

6

我国银行卡组织的发展、扶持与监管

探讨特定产业反垄断政策的后续安排，不应脱离其在特定环境中的成长历史及其以往经历的特定的产业政策。我国银行卡产业和银行卡组织已经走过了自己不同于西方国家的独特的发展历程。为保障和促进我国银行卡产业和银行卡组织的健康发展，相关监管机构一方面出台了一系列保护性或扶植性的产业扶持政策，另一方面也在行业的准入、定价以及纵向限制等方面实施了相应的监管。

6.1 我国银行卡产业和银行卡组织发展的历程回顾

境内银行卡产业是随着改革开放的步伐发展起来的。从 20 世纪 70 年代末中国银行开始从事信用卡代理业务至今，银行卡已成为大众日常生活必不可少的金融支付工具。概括起来，境内银行卡产业大致走过了七个阶段。

第一阶段：1978～1984 年。在这一阶段，银行卡作为新生事物被引入中国境内。1978 年，中国银行总行批准广州分行与香港东亚银行签署协议，于次年开始代理其国外信用卡业务，这是中国银行业第一次开展银行卡业务。不久以后，中国银行的上海分行也从 1980 年开始代理国外信用卡业务。1981 年，中国银行与国际六大银行卡组织（维萨、万事达、美国运通、大莱、发现、JCB）正式签订了在中国境内代理银行卡的协议。交通银行、中信实业银行等具有外汇经营业务的金融机构在 80 年代初也逐步开始与维萨、万事达和美国运通等银行卡组织签订受理外国银行卡业务的协议。随着境内银行纷纷开始代理国外银行卡业务，国外银行卡开始进入我国，从而使境内银行业人士和部分公众对银行卡形成了初步认识，为境内银行卡产业的发展打下了良好基础。

第二阶段：1985～1993 年。境内银行卡产业在这一阶段开始起步。工、农、中、建四大国有银行相继发卡，从而开创了我国银行卡产业的先河。中国银行珠海分行于 1985 年 3 月发行了境内第一张银行卡——"中银卡"，该卡是先存款后支付的借记卡，不过在当时仅限于在珠海市使用，可以在当地提取现金、直接购物，从而迈出了境内银行卡产业发展的第一步。1986 年 10 月，境内第一个全国性银行卡品牌诞生——中国银行总行将"长城卡"作为中国银行系统内统一的银行卡品牌。1987 年，中国工商银行在广州发行了红棉卡，经过两年试点后将"牡丹卡"作为中国工商银行系统内统一的银行卡品牌，从而成为境内第二个全国性的银行卡品牌。1990 年，中国建设银行发行了"龙卡"；1991 年，中国农业银行发行了"金穗卡"；1992 年，深圳发展银行发行了"发展卡"；1993 年，交通银行发行了"太平洋卡"。截至 1993 年底，境内银行卡发卡量达到了 400 万张，当年实现交易额达到 2000 亿元①。与此同时，各商业银行的电子化建设也同时起步，计算机业务处理系统被建立起来，从而为银行卡业务的发展奠定了系统基础。

第三阶段：1994～1996 年。在这一阶段，除了国有商业银行各分支机构纷纷在大中城市独立地发展银行卡业务，股份制银行也陆续加入发卡行列，以电子货币的应用为重点的金卡工程已正式启动。各商业银行在大中

---

① 苏建华. 我国银行卡产业发展历程综述［J］. 金卡工程，2007，11（3）：64－65.

城市加大拓展银行卡业务的力度，发卡机构数量、银行卡种类、发卡数量、交易金额和业务范围等方面都呈现快速增长态势。在国有商业银行各分支机构之外，国家邮政储汇局、广东发展银行、招商银行和浦东发展银行等金融机构也陆续加入了发卡行列。1995 年 3 月，广东发展银行发行了境内第一张真正意义上的贷记卡——"广发信用卡"。截至 1996 年底，境内银行卡发卡量达到了 4170 万张，相比于 1993 年同期，增加了 9 倍；当年实现交易额 10377 亿元，比 1993 年底增加了 4 倍；存款余额达到 559 亿元，1696 个银行网点可以受理银行卡，ATM 总量为 9941 台，POS 机具数量为 10 万台，一个遍布各大中城市的银行卡受理网络初步建成①。然而，尽管国内各主要商业银行基本上都已成为维萨或万事达的会员银行，但境内银行的人民币卡并不能通过维萨或万事达的网络进行跨行与异地授权清算，银行卡通用性极其缺乏，从而限制了银行卡产业的进一步发展。1993 年，为了实现 POS 机具和 ATM 机具与网络资源共享，改善用卡环境，时任中共中央总书记江泽民亲自倡导了"金卡工程"；同年，"金卡工程"正式启动。上海、北京、天津、厦门等 12 座试点城市的银行卡网络服务中心和全国总中心的筹建工作开始启动。

第四阶段：1997～2001 年。在这一阶段，境内银行卡开始逐步实现联网通用。在中国人民银行的组织推动和各商业银行的积极参与以及各地政府的积极配合下，12 座试点城市的区域银行卡跨行信息交换系统于 1997 年建成，从而初步实现了这些城市内的银行卡跨行联合与资源共享。这些城市的银行卡中心开通后，逐步实现了银行卡在当地各商业银行间的联网通用，这就为各商业银行拓展银行卡业务提供了公共网络平台，各地银行卡的发卡量、POS、ATM 受理网点的覆盖范围和数量大大增加。为进一步提高我国银行卡产业的资源利用效率，2001 年 2 月，中国人民银行组织召开了全国银行卡工作会议。这次会议通过了《2001 年银行卡联网联合工作实施意见》，就实现全国范围内的联网通用、联合发展的目标，各商业

---

① 苏建华. 我国银行卡产业发展历程综述［J］. 金卡工程，2007，11（3）：64－65.

银行达成了共识，并且决定从 2004 年 1 月 1 日起，国内所有跨行、跨地区使用的人民币银行卡都要加贴"银联"标识。这是我国历史上第一次召开以银行卡产业发展为主题的全国性会议，对我国银行卡产业的发展产生了深远影响。

第五阶段：2002～2003 年。在这一阶段，中国银联成立，全面实现联网通用目标，我国银行卡产业迎来快速发展时期。各商业银行开始改革银行卡经营体制，实行系统主机集中统一和机具标准化改造。2002 年 1 月，北京、上海、广州、深圳、杭州等成为首批启动发行"银联"标识卡的 5座试点城市。2002 年 3 月 26 日，中国银联股份有限公司正式宣告成立。通过中国银联和各商业银行的共同努力，联网通用"314"① 目标在 2002年底基本实现。2002 年，中国农业银行在西藏拉萨发行首张银联标识卡；2003 年，全国地市级以上城市联网通用也基本实现。同时，中国银联联合各商业银行开始建立并完善各项规范标准的推广实施机制和工作流程，并在受理环境建设、银行卡跨行交易风险管理等多方面逐渐形成了制度化的合作机制。此外，中国银联还联合各商业银行开发了 ATM 跨行转账、手机支付等多项新业务。

第六阶段：2004～2014 年。中国银联的品牌化建设是这一时期银行卡产业发展的重要特征，中国银行卡产业及银行卡组织开始融入国际。在联网通用业务基础巩固和发展的同时，中国银行卡产业朝着市场化和国际化的方向迈进。2004 年 3 月 1 日，中国人民银行批复的《中国银联入网机构银行卡跨行交易收益分配办法》正式实施，银行卡服务收费机制开始逐步建立。2004 年，中国银联提出创建民族银行卡支付品牌，坚持人民币银行卡的自主知识产权。早在 2006 年底，绝大多数发卡银行就都已开始发

---

① "314"目标指：各国有独资商业银行系统内银行卡业务处理系统实现 300 个以上地市级城市各类银行卡的联网运行和跨地区使用，股份制商业银行和邮政储汇局实现所有地市级以上的分支机构的联网运行；在原有银行卡跨行信息交换网络的基础上，实现 100 座以上城市的各类银行卡的跨行通用；在 40 座以上城市推广普及全国统一的银联标识卡，实现银联标识卡在这些城市内和城市间的跨地区、跨行通用。

行符合国际标准的"62"字头银联标准卡。与此同时，银联卡网络不断向境外延伸，2004 年 1 月 18 日，银联网络正式开通香港业务，中国银行卡支付品牌的国际化之路迈出了划时代的一步。根据《中国支付体系发展报告（2015）》，截至 2015 年末，全球累计发行银联卡超过 50 亿张，全球可用银联卡的商户达到 3390 万户，ATM 超过 200 万台；银联卡境外受理网络已延伸到 150 多个国家和地区，受理商户数量达到 1720 万户，ATM 达到 125 万台①。

第七阶段：2015 年至今。2015 年 4 月，《国务院关于实施银行卡清算机构准入管理的决定》正式发布并于 2015 年 6 月起施行，这标志着境内人民币银行卡清算市场将从以往的授权垄断逐渐转向市场开放。2016 年 6 月，中国人民银行会同中国银行业监督管理委员会发布《银行卡清算机构管理办法》，并于发布之日起实施。2017 年 6 月，中国人民银行发布《银行卡清算机构准入服务指南》。2017 年下半年，维萨和美国运通相继递交在我国境内建立银行卡清算机构的申请。尽管截至本书完稿第二家可经营人民币银行卡业务的银行卡组织（即银行卡清算机构）尚未开业，但境内人民币银行卡清算市场的开放趋势已然不可逆转，传统的本土银行卡组织中国银联将面对全新的竞争前景，境内银行卡产业的发展和银行卡组织的竞争将逐渐呈现全新的局面。

图 6 - 1 和表 6 - 1 分别列示了近年来境内银行卡的消费额和境内银行联网商户、POS 机具情况。

---

① 但正如前面已经指出的，中国银联实现的境外业务比例目前仍然非常小。例如，根据 The Nilson Report（Issue 1085）和《中国支付体系发展报告 2015》，银联卡 2015 年实现的全球消费业务达 290.30 亿笔，全球消费金额 55.00 万亿元人民币；而同期银联卡实现的境外全部交易仅 3.4 亿笔，境外全部交易金额仅 0.6 万亿元人民币。可见，无论是以发卡数量还是交易笔数、交易金额衡量，银联卡的境外业务比例尚不及其全部业务的 1%。尽管中国银联境外市场拓展的广度明显提高，但境外市场拓展的深度显著不足。造成这一现象的原因之一是中国银联在境外的合作网络未能真正完全地实现受理。例如，早在 2008 年 9 月 19 日，中国银联便与英国最大的 ATM 运营商 LINK 网络在伦敦正式签署了合作协议，声称"在不久的将来，英国各地几乎所有的 ATM 都将开通受理银联卡"；然而，根据笔者 2016 年的实地调查，带有 LINK 标志的 ATM 机具仍然大面积地拒绝银联卡的取现请求。

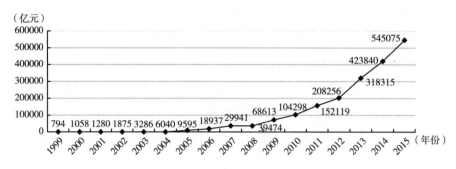

图 6 - 1　1999 ~ 2015 年境内银行卡消费额

资料来源：各期《中国支付体系发展报告》。

表 6 - 1　　　　　　2002 年以来境内累计联网商户、联网 POS 机具情况

类别	2002 年	2004 年	2006 年	2008 年	2010 年	2012 年	2014 年	2015 年	2016 年
联网商户 （万户）	18.5	30.6	52.1	118.2	218.3	483.3	1203.4	1670.0	2067.2
联网 POS （万台）	27	45	81.8	184.5	333.4	711.8	1593.5	2282.1	2453.5

资料来源：各期《中国支付体系发展报告》。

6.2　我国银行卡组织发展的保护性和扶持性政策

　　研究境内银行卡组织发展的相关政策不能脱离一个基本背景，这就是出于产业安全和金融安全的考虑，我国政府希望建立具有自主知识产权的银行卡跨行交易清算系统，因此组建了自主品牌的银行卡联合组织——中国银联。为了推动后起的中国银联发展壮大，我国政府实施了一系列产业扶持政策，包括产业保护政策和产业扶植政策。产业保护政策一般是指通过设置关税壁垒或非关税壁垒实行的贸易保护政策，在 FDI 全球化背景下，对境外资本直接投资的外资准入和股权比例等的限制是产业保护性政策的重要内容。产业扶植政策旨在扶植本国特定产业的成长，一般包括财

政扶植政策、金融扶植政策、技术扶植政策和直接管制扶植政策①。

6.2.1　我国银行卡组织的保护性政策

中国在 2001 年加入 WTO 时，对取消在服务领域的市场准入和国民待遇限制做出了承诺。根据议定书附件 9《服务贸易具体承诺减让表》中的条款，中国就信用卡、借记卡的发卡、收单业务以及金融数据处理软件，做出了开放承诺。2008 年以前，我国先后向外资开放了银行卡收单、发卡及与之相关的专业化外包服务市场，境内人民币银行卡清算市场直到 2015 年才正式宣布向外资开放。

中国人民银行 1999 年颁布并施行的《银行卡业务管理办法》明确放开了银行卡收单业务，其第十七条规定，"外资金融机构经营银行卡收单业务应当报中国人民银行总行批准。银行卡收单业务是指签约银行向商户提供的本外币资金结算服务"。国务院 2006 年公布并施行的《中华人民共和国外资银行管理条例》第二十九条规定，"外商独资银行、中外合资银行按照国务院银行业监督管理机构批准的业务范围，可以经营下列部分或者全部外汇业务和人民币业务"，其中含"（十）从事银行卡业务"，突破了"银行卡收单业务"限制；2007 年 9 月，银监会批准完成本地法人注册的东亚、汇丰、花旗等 5 家外资银行发行人民币借记卡；2008 年 5 月 27 日，东亚银行（中国）发行了首张银联标准人民币借记卡。截至目前，汇丰银行、花旗银行、渣打银行等 10 多家具备资质的外资银行已经发行人民币银行卡，FDC、TSYS 等外资公司已经通过合资参股等方式进入中国专业化服务市场，纷纷开展发卡、收单及相关的专业化数据信息处理业务。

然而，关于境内人民币银行卡跨行交易转接清算的外资准入问题，在 2015 年《国务院关于实施银行卡清算机构准入管理的决定》发布之前，并

---

① 史忠良. 新编产业经济学［M］. 北京：中国社会科学出版社，2007：432 – 433.

没有一部正式出台的行政法规或部门规章对此进行明文规定。《银行卡业务管理办法》中没有提及银行卡转接清算业务，《中华人民共和国外资银行管理条例》中"银行卡业务"提法也比较笼统，没有明确境内人民币银行卡跨行交易转接清算市场是否向外资开放，回旋余地较大。2015年以前唯一明确涉及境内人民币银行卡跨行交易转接清算业务经营主体资格的规范性文件是《中国人民银行关于规范和促进银行卡受理市场发展的指导意见》[①]。该意见指出，"中国银联是目前国内专门从事人民币银行卡跨行信息转接的清算组织，主要职责是建立和运营安全、高效的银行卡跨行信息转换网络，实现银行卡跨行通用"，"由于银行卡信息交换系统事关金融信息和支付体系的安全，从事银行卡信息交换业务有严格的准入和管理制度"。一些媒体和业界人士进而将此视为中国人民银行发文明确确立了"中国银联在人民币转接市场的唯一地位"[②]，也许是领会了决策层心照不宣的潜台词，但从字面看，该意见本身只是阐明了一个现实，并未明确提出外资准入政策。

此外，普遍认为可能会对外资准入政策进行明确规定的行政法规《银行卡条例》和部门规章《支付清算组织管理办法》一直处于酝酿状态。一方面，早在2001年央行及相关部门就牵头召开了《银行卡条例》（送审稿）国内和国外专家研讨会，其中明确了银行卡组织的设立向外资开放及股权比例限制。然而，时至今日《银行卡条例》仍未出台。另一方面，《支付清算组织管理办法》（征求意见稿）2005年就已经下发，其第二条指出，"本办法所称支付清算组织，是指依照有关法律法规和本办法规定在中华人民共和国境内设立的，向参与者提供支付清算服务的法人组织。包括：……（二）为银行卡等卡类支付业务的机构提供支付指令的交换和计算以及提供专用系统的法人组织；……"。第十三条指出，"境外投资者可以与中华人民共和国境内的投资者共同投资设立支付清算组织，投资比例不得超过50%"。

---

① 该文件已于2013年废止。
② 辛云勇. EMV暗流［N］. 互联网周刊，2006-08-01.

2015 年 4 月国务院出台的《关于实施银行卡清算机构准入管理的决定》正式宣布境内人民币银行卡清算市场向外资开放①。需要提及的是，这一决定在相当程度上是因应世界贸易组织（WTO）专家小组 2012 年 7 月关于"中国电子支付服务措施案"的裁决报告，因为该报告对以下关键事实进行了认定："中国维持了银联在对某些以人民币计价的支付卡进行清算时的垄断（地位）""中国赋予银联清算人民币支付卡交易清算垄断（权），与《服务贸易总协定》第十六条 2（a）下第三模式市场准入承诺不一致""这些要求的每一项与《服务贸易总协定》第十七条下中国模式 1 和模式 3 国民待遇义务不一致""通过这些要求，中国修改了有利于银联竞争的条件，所以没有赋予其他成员国电子支付提供商国民待遇，（这）与中国的承诺相反"②。

长期以来对外资准入法规层面上的模糊和操作层面上的限制，实际上构成了对境内人民币银行卡跨行交易转接清算业务事实上的保护，给自主品牌银行卡组织中国银联提供了发展壮大的宝贵时间。

6.2.2　我国银行卡组织的扶植性政策

中国银联的成立本身就是政府推动的结果，是在中国人民银行的直接组织领导下，各商业银行联合起来，在合并原有银行卡信息交换中心的基础上成立的。为了帮助处于幼稚期的自主品牌银行卡组织尽快发展壮大，巩固国内市场，并逐渐参与国际市场竞争，中国人民银行、银监会、国家外汇管理局等政府机构先后出台了一系列扶植性政策，主要包括以下几份规范性文件。

6.2.2.1　《国家外汇管理局关于规范银行外币卡管理的通知》

在 2004 年发布并实施的《国家外汇管理局关于规范银行外币卡管理

---

① 当然，原则上也包括向内资开放。
② 李震. 世贸裁决助推银联改革［N］. 法制日报，2012 - 10 - 09.

的通知》①中，第五部分关于"银行外币卡项下的清算、还款及购汇"的规定中包括："（一）银行外币卡境内使用，应当遵守境内禁止外币计价结算的外汇管理规定。境内特约商户（包括免税店）受理的银行外币卡交易，其与收单金融机构之间必须以人民币清算。（二）境内卡境内交易，扣除柜台提取外币现钞部分，应通过境内清算渠道以人民币完成清算……。（三）境内卡境内交易若因特殊原因通过银行卡国际组织清算……通过银行卡国际组织清算是指两种情形：一是境内外币卡境内交易通过银行卡国际组织清算；二是'误抛'交易，即境内本外币卡在境内使用本应视同人民币卡，却被收单金融机构判为外币卡，抛至银行卡国际组织清算。"以上规定明确指出除非有特殊原因，境内卡境内交易必须走境内清算渠道，否则就是"误抛"。

而在第七部分"其他事项"中进一步明确指出，"（三）中国银联股份有限公司（以下简称'中国银联'）应组织好本外币卡境内交易的人民币清算工作。发卡金融机构必须将本外币卡的卡 BIN 上报中国银联，供收单金融机构从中国银联的平台下载。收单金融机构应做好相应的银行卡系统设置，在判卡时，必须优先判人民币卡。各发卡金融机构应按月将发生的'误抛'交易金额及造成'误抛'的收单机构名单向中国银联报备"。这条规定不仅明确了境内清算渠道就是指中国银联的清算渠道，而且将"误抛"交易作为一项重要监控内容，虽未明确对造成"误抛"的收单机构的处理办法，但警示意味非常明显。

2010 年，国家外汇管理局对银行外币卡的有关外汇管理法规进行了梳理整合，发布了新的《国家外汇管理局关于规范银行外币卡管理的通知》。该通知完全保留了上述 2004 年发布的通知的第五部分的前三项内

---

① 本通知中的银行外币卡包括境内外币卡和境外银行卡。前者指境内金融机构发行的外币卡（以下简称"境内卡"）；后者指境外机构发行的银行卡，但不包括境外机构发行的人民币卡（以下简称"境外卡"）。其中，按照发卡币种，境内卡可以分为外币卡（指单币种外币卡，如中银长城国际卡）和本外币卡（指人民币和外币的双币种或多币种卡，如银联双币信用卡和目前仍可使用的双标识信用卡）。

容。不同之处是在第七部分"其他事项"中指出，"（三）境内人民币卡清算组织应做好本外币卡境内交易的人民币清算工作。发卡金融机构必须将本外币卡的卡 BIN 上报境内人民币卡清算组织，供收单金融机构下载。收单金融机构应做好相应的银行卡系统设置，在判卡时，必须优先判人民币卡"。可以发现，2010 年的通知将 2004 年通知中的"中国银联股份有限公司"换成了"境内人民币卡清算组织"，并且删除了 2004 年通知中"各发卡金融机构应按月将发生的'误抛'交易金额及造成'误抛'的收单机构名单向中国银联报备"这一内容，对中国银联的直接扶植意味略有淡化，似乎留了些许空间，但现阶段在本质上并无区别，2010 年的通知继承了 2004 年通知中扶植自主品牌银行卡组织的精神和举措。

6.2.2.2 《关于促进银行卡产业发展的若干意见》

2005 年 4 月，中国人民银行与发展改革委、公安部、财政部、信息产业部、商务部、税务总局、银监会、外汇局联合发布《关于促进银行卡产业发展的若干意见》。该意见指出，"我国银行卡产业仍处于初级阶段，……，同时还存在相关法律制度建设滞后、产业扶持政策缺乏、受理市场不规范等突出问题"，为完善法律体系，要"统一银行卡发行、使用和受理规则"，"拓展人民币银行卡境外受理市场①。研究出台支持人民币银行卡受理网络向境外拓展的有关政策措施，……，逐步建立人民币卡的国际受理网络。商业银行和银行卡组织要积极、稳妥地开拓人民币卡境外受理业务……"，要求"确保所有银行卡机具都符合联网通用有关规范和标准，严格遵守'一柜一机'原则，实现资源共享。抓紧完善实施我国人民币银行卡技术标准，加大对按照国际规范制定的我国人民币银行卡技术标准的推广力度。商业银行发行新的人民币银行卡必须符合该技术标准，并尽快完成现有非该标准卡的换发工作"。可以看到，上述若干意见实际

---

① 2004 年 4 月 3 日，中银香港在香港发行第一张境外银联标准人民币卡，成为银联卡境外发行的开端。2005 年 1 月 10 日，银联卡在新加坡、泰国及韩国的 ATM 和 POS 受理业务正式开通，标志着银联品牌正式走出国门、走向世界。

上都是对中国银联的扶植措施，例如，要求所有银行卡机具都符合联网通用有关规范和标准，实际上所谓的规范和标准就是指中国银联的规范和标准，而对我国人民币银行卡技术标准的推广，实际就是对银联标准卡[①]的推广。该意见还明确提出"制定产业激励政策，加大产业扶持力度"，具体措施包括：研究出台财税支持政策；引导企业降低通信成本；支持与银行卡相关的产业发展和技术创新等。

6.2.2.3 《中国人民银行关于规范和促进银行卡受理市场发展的指导意见》

为贯彻实施《关于促进银行卡产业发展的若干意见》，促进银行卡受理市场健康发展，《中国人民银行关于规范和促进银行卡受理市场发展的指导意见于 2005 年 6 月发布。其中，明确指出"中国银联是目前国内专门从事人民币银行卡跨行信息转接的清算组织，主要职责是建立和运营安全、高效的银行卡跨行信息转换网络，实现银行卡跨行通用"，"由于银行卡信息交换系统事关金融信息和支付体系的安全，从事银行卡信息交换业务有严格的准入和管理制度"，在一定程度上近乎确认了中国银联在境内人民币银行卡跨行交易转接清算领域的独占地位，至少是一定时期内的独占地位，这是通过对市场结构的直接管制对中国银联进行扶植。

该意见第六部分指出，"为促进人民币银联卡尽快实现国际通用，人民银行已按照国际规范制定了我国人民币银行卡的技术标准。商业银行发行新的人民币银行卡必须符合该技术标准，并尽快完成现有非标准卡的换发工作"，旨在推动银联标准卡的国内外发行；同时还指出"双币种信用卡和双币种借记卡在港澳和境外有银联网络的国家和地区使用时，国内发卡银行应支持经银联网络转接，要对银联网络开放人民币账户的交易和清算，其他任何机构不得设置障碍和进行干预"，这是对所谓的"双币卡"境外交易走银联通道的最早的国内规范性文件，对推动银联境外网络的建

---

① 2003 年 8 月 27 日，南京商业银行发行了中国境内第一张银联国际 BIN 号 —"62"字开头的信用卡，银联标准卡正式问世。

设意义重大。

6.2.2.4　关于金融 IC 卡迁移的标准制定和推广应用

IC 卡是集成电路卡（integrated circuit card）的英文简称，也被称为智能卡或芯片卡。IC 卡被运用于金融领域即为金融 IC 卡。国内的金融 IC 卡[①]是发卡银行根据国家标准制作并发行的，具有借记、贷记、电子现金等功能的银行卡。目前，国际上公认的金融 IC 卡的技术标准是 EMV 标准[②]，该标准已正式发布的版本有 EMV96 和 EMV2000。EMV 迁移就是按照 EMV 标准，在发卡、业务流程、安全控管、受理市场、信息转接等多个环节实施推进银行磁条卡向芯片卡技术的升级，即把现在使用磁条的银行卡改换成使用 IC 卡的银行卡[③]。国内对 EMV 迁移的官方用语是"金融 IC 卡迁移"，依据的技术标准是《中国金融集成电路（IC）卡规范》（PBOC）。该标准是由中国人民银行牵头，先后依据 EMV96 和 EMV2000 颁布和修订的，1997 年颁布 PBOC1.0，2003 年开始对 PBOC1.0 进行修订，于 2005 年正式颁布 PBOC2.0，2007 年开始对 PBOC2.0 进行增补并颁布实施，2013 年正式颁布 PBOC3.0，这也是截至目前的最新版本。需要指出的是，PBOC 规范实际上主要是由中国银联遵循 EMV 标准负责研发的；维萨、万事达、JCB 等国际银行卡组织也均有各自应用的 EMV 标准。"从技术角度看，遵循 EMV 标准的受理终端在兼容多个应用时，只需加载对应软件和公钥证书即可[④]"。

2011 年 3 月，《中国人民银行关于推进金融 IC 卡应用工作的意见》发布。该意见就金融 IC 卡受理环境改造、商业银行发行金融 IC 卡提出了时间表。在受理环境改造方面，在 2011 年 6 月底前直联 POS 能够受

---

① 这里仅指人民币金融 IC 卡。

② EMV 标准最早是由国际三大银行卡组织——欧陆卡（Europay，已被万事达收购）、万事达和维萨共同发起制定的银行卡从磁条卡向智能 IC 卡转移的技术标准，目前该标准（包括此后的升级）已成为公认的框架性标准。2013 年 5 月，中国银联宣布成为国际芯片卡标准化组织成员，目前该组织其他成员包括美国运通、JCB、发现、万事达和维萨。

③ http：//www.pbc.gov.cn/publish/kejisi/687/1443/14431/14431_.html.

④ http：//www.gov.cn/gzdt/2011 - 03/30/content_1834891.htm.

理金融 IC 卡，全国性商业银行布放的间联 POS、ATM 的受理金融 IC 卡的时间分别为 2011 年底、2012 年底前，2013 年起实现所有受理银行卡的联网通用终端都能够受理金融 IC 卡。在商业银行发行金融 IC 卡方面，2011 年 6 月底前，中国工商银行、中国农业银行、中国银行、中国建设银行、交通银行、招商银行和中国邮政储蓄银行开始发行金融 IC 卡；自 2013 年 1 月 1 日起，全国性商业银行均开始发行金融 IC 卡；自 2015 年 1 月 1 日起，在经济发达地区和重点合作行业领域，商业银行发行的以人民币为结算账户的银行卡应为金融 IC 卡。该意见还特别明确了中国银联在金融 IC 卡迁移工作中的角色，即"中国银联负责保障金融 IC 卡跨行转接与清算，开展境外银联卡受理环境金融 IC 卡迁移，推进成员机构金融 IC 卡迁移进度"。

2014 年 11 月，中国人民银行印发《关于进一步做好金融 IC 卡应用工作的通知》。该通知要求贯彻实施 PBOC3.0 规范，并就下一步金融 IC 卡应用工作提出了具体时间表。自 2015 年 4 月 1 日起，各发卡银行新发行的金融 IC 卡应符合 PBOC3.0 规范；2015 年底，110 个金融 IC 卡公共服务领域应用城市 POS 终端非接触受理比例同比至少增加 20 个百分点；自 2016 年 1 月 1 日起，各单位开展的移动金融服务应以基于金融 IC 卡芯片的有卡交易方式为主。有两点值得注意：一是该通知中没有再次出现"中国银联"字样，而代之以"银行卡清算机构"；二是该通知发布几天前（即 2014 年 10 月 29 日）召开的国务院常务会议刚刚决定放开银行卡清算市场，符合条件的内外资企业，均可申请在我国境内设立银行卡清算机构。

2016 年 6 月发布的《中国人民银行关于进一步加强银行卡风险管理的通知》中要求，自 2016 年 9 月 1 日起，各商业银行新发行的基于人民币结算账户的银行卡，应为符合 PBOC3.0 规范的金融 IC 卡；自 2017 年 5 月 1 日起，全面关闭芯片磁条复合卡的磁条交易。与上述 2014 年的《关于进一步做好金融 IC 卡应用工作的通知》相比，实际上是明确要求停止发行人民币磁条银行卡，而所有新发行的人民币银行卡都必须是"符合

PBOC3.0 规范的人民币芯片银行卡"。而"全面关闭芯片磁条复合卡的磁条交易"一方面有利于防范伪卡欺诈、降低磁条交易风险，另一方面也是在强势推动 IC 卡受理终端的升级。

综上所述，一方面，中国人民银行直接组织和领导了我国金融 IC 卡标准的制定和推广工作，而中国银联是 PBOC2.0 和 PBOC3.0 研发工作的实际主要承担者，换句话说，主要是中国银联实际负责了金融 IC 卡国家标准的制定工作；另一方面，我国金融 IC 卡的人民币跨行转接与清算业务一直以来由中国银联负责，截至目前还没有其他机构实际取得准入许可。对此，可以分两个角度来看。

第一，中国银联对金融 IC 卡跨行交易转接清算业务的当前独占地位是其对磁条卡转接清算业务的历史独占地位的延续，理论上，在境外银行卡组织实际取得准入许可并经营境内人民币银行卡清算业务后，这种独占地位将被打破。第二，2016 年 9 月以后，如果获准设立的外资银行卡组织在境内发行人民币银行卡，则必须是符合 PBOC3.0 规范的芯片卡。然而，PBOC3.0 规范和外资银行卡组织的 EMV 标准目前仍不兼容[1]，这就导致境外银行卡组织如果要实现其一贯的全球通用性，实现在中国境内外发行的卡片在中国境内外终端都能受理，就必须全面改造卡片生产方式和受理终端。这种改造成本高昂，商业可行性很低。

自 2011 年起大力推进的金融 IC 卡迁移工作，有利于提高单标识银联卡的品牌影响力和市场占有率，提高中国银联在标准竞争中的地位。2016 年对"新发人民币卡必须符合 PBOC3.0 规范"的要求实际上对外资进入境内人民币银行卡清算市场构成了不可小觑的障碍，客观上为本土银行卡组织在境内的发展提供了更多时间和空间，带有一定的保护性质[2]。

---

[1] PBOC2.0 和 PBOC3.0 的基础也是国际 EMV 标准，两者仍然无法做到兼容的原因主要在于密钥体系不同。国际上密码算法经过公开征集和验证，密钥受保护；而中国的密码算法未公开，密码算法和密钥都受保护。

[2] 标准不兼容也对中国银联境外 IC 卡受理环境建设制造了事实障碍，也不利于中国银联的国际化。

6.3 我国银行卡组织的监管政策

植草益（1992）对规制（regulation）的概念进行了一般性的厘定。最宽泛意义上的规制可以区分为私人规制和公共规制，公共规制可进一步区分为间接规制（主要是反垄断政策）和直接规制，直接规制可进一步区分为经济性规制和社会性规制。经济性规制是指在自然垄断和存在信息偏差的领域，主要为了防止发生资源配置低效率和确保利用者的公平利用，政府机关用法律权限，通过许可和认可等手段，对企业的进入和退出、价格、服务的数量和质量、投资、财务会计等有关行为加以规制。社会性规制包括确保健康和卫生、安全（防止劳动灾害、疾病和保护消费者、交通安全、消防、枪炮取缔）、防止公害和保护环境、确保教育文化福利等①。经济学研究中使用的规制一词经常是指比较狭义的经济性规制，并将之与反垄断政策相区别，本书遵循这一惯例，此外，为求行文的方便，使用"（反垄断与规制）监管"表示反垄断政策和经济性规制。

境内人民币银行卡清算业务领域长期以来只有中国银联一家银行卡组织，是该领域的垄断服务商。考察境内银行卡组织的监管后发现，截至目前尚无一起针对银行卡组织（不论内资还是外资）的反垄断案件。由于银行卡跨行转接清算业务具有相当范围内的自然垄断性质，并且也属于信息不对称比较严重的金融服务领域，因此通常需要对该业务领域实施经济性规制。此处着重分析对我国银行卡组织以下三个方面的规制政策，即准入规制、价格规制以及对纵向限制的规制。

---

① 植草益. 微观规制经济学［M］. 北京：中国发展出版社，1992.

6.3.1 准入规制

在 2015 年《国务院关于实施银行卡清算机构准入管理的决定》发布以前，并没有一部正式出台的行政法规或部门规章对境内人民币银行卡清算市场的准入问题进行明文规定。然而，在市场准入问题上，法规层面的模糊和操作层面的限制构成了事实上的准入规制，维持了中国银联在境内人民币银行卡清算市场的独家经营地位。由于银行卡跨行转接清算业务具有相当范围内的自然垄断性质，从这个角度来说，这种事实上的准入规制在一定范围内也符合经济效率的要求。

2012 年 7 月，世界贸易组织（WTO）专家小组对"中国电子支付服务措施案"作出初步裁决，虽然在 13 个诉点上支持了中方的意见，但认定中国政府赋予和维持了中国银联对境内人民币银行卡清算业务的垄断地位，违反了 WTO 规定。此后，中国政府决定放弃上诉。2014 年 10 月召开的国务院常务会议正式决定放开银行卡清算市场，符合条件的内外资企业，均可申请在我国境内设立银行卡清算机构。2015 年 4 月，《国务院关于实施银行卡清算机构准入管理的决定》正式发布。在准入条件上有规定如下："申请成为银行卡清算机构的，应当为依据《中华人民共和国公司法》设立的企业法人，并符合以下条件：……3. 有符合国家标准、行业标准的银行卡清算标准体系。……"一方面，对申请成为银行卡清算机构设定准入条件，实施准入规制的合理性在于银行卡跨行转接清算业务属于信息不对称问题比较突出的金融服务领域，政府需要通过许可、审批等手段对进入者的自身条件进行必要审查，防止条件不合格企业利用信息的不对称进行欺诈行为[①]。另一方面，要求进入者满足国家标准和行业标准一般来说也是合理的，不过正如前面已经指出的，由于 PBOC3.0 标准与外

---

① 钟庭军，刘长全. 论规制、经济性规制和社会性规制的逻辑关系与范围 [J]. 经济评论，2006（2）：146–151.

资银行卡组织的 EMV 标准仍不兼容，可能在事实上对境外银行卡组织构成了较高的进入壁垒，而构造进入壁垒本身并不是对信息严重不对称行业实施准入规制的目的。

此后，2016 年 6 月，中国人民银行、中国银行业监督管理委员会联合发布《银行卡清算机构管理办法》（以下简称《办法》），作为配套实施细则进一步明确了银行卡清算机构准入的具体条件和程序①。2017 年 6 月，中国人民银行发布《银行卡清算机构准入服务指南》（以下简称《指南》），专门对银行卡清算机构准入相关审批事项的申请和办理进行了更具可操作性的详细规定。值得注意的是，在《办法》关于申请与许可的第二章第十五条中有："中国人民银行根据有利于银行卡清算市场公平竞争和健康发展的审慎性原则，以及中国银行业监督管理委员会的意见，自受理之日起 90 日内作出批准或不批准筹备的决定，并书面通知申请人。决定不批准的，应当说明理由"。在《指南》关于申请条件的规定中有下面两个条款，"（三）符合如下条件的，准予批准：……2. 有利于银行卡清算市场公平竞争和健康发展。 （四）有如下情形之一的，不予批准：……3. 不利于银行卡清算市场公平竞争和健康发展"。也就是说，如果准入规制机构认为相关进入"不利于公平竞争和健康发展"，那么即使申请人提交的申请材料形式要件齐全、内容真实完整，也不能获得准入许可，准入规制机构对"公平竞争和健康发展"影响的评估结果会成为是否获准进入的关键。

6.3.2　价格规制

由于银行卡组织平台型业务的双边市场性质，该领域重要的定价问题不仅包括其银行卡组织的网络转接费（网络服务费），还包括交换费（发

---

① 《银行卡清算机构管理办法》还对银行卡清算机构的变更与终止、法律责任等方面进行了详细规定。

卡行服务费）以及与此直接相关的商户扣率（商户结算手续费率），实际上交换费和商户扣率的定价对作为双边平台的银行卡组织的成长和发展更为关键。截至目前，境内银行卡刷卡手续费率标准历经数次调整①。

（1）1999 年，中国人民银行颁布并于同年实施《银行卡业务管理办法》。该办法第二十四条规定了商户结算手续费的最低标准，具体如下：宾馆、餐饮、娱乐、旅游等行业不得低于交易金额的 2%，其他行业不得低于交易金额的 1%；第二十五条规定了跨行交易的分润比例，其中，在已建信息交换中心的城市，商户结算手续费按发卡行 80%、收单行 10%、信息交换中心 10% 的比例进行分配。

（2）2001 年，中国人民银行发布并于同年实施《关于调整银行卡跨行交易收费及分配办法的通知》，仍对商户结算手续费设定统一的最低费率，具体如下：宾馆、餐饮、娱乐、旅游等行业不得低于交易金额的 2%，其他行业不得低于交易金额的 1%。商户结算手续费的分配采用固定发卡行收益比例的方式，具体是：宾馆、餐饮、娱乐、旅游等行业发卡行收益比例为交易金额的 1.6%，其他行业发卡行的收益比例为交易金额的 0.8%。对于通过交换中心完成的跨行 POS 交易，交换中心按照固定比例向收单行收取网络服务费，具体是：宾馆、餐饮、娱乐、旅游等行业网络服务费比例为交易金额的 0.2%，其他行业为交易金额的 0.1%。

（3）2004 年，中国人民银行批复并于同年实施《中国银联入网机构银行卡跨行交易收益分配办法》，POS 跨行交易的商户结算手续费收益分配，采用固定发卡行收益和银联网络服务费方式，具体是：对宾馆、餐饮、娱乐、珠宝金饰、工艺美术品类的商户，发卡行的固定收益为交易金额的 1.4%，银联网络服务费标准为交易金额的 0.2%；对一般类型的商户，发卡行的固定收益为交易金额的 0.7%（房地产、汽车销售类封顶 40元，批发类封顶 16 元），银联网络服务费的标准为交易金额的 0.1%（房

---

① 除《银行卡业务管理办法》仍整体有效外（根据中国人民银行令［2018］第 1 号），后续针对商户结算手续费率标准的规范性文件的法律效力均至下一份替代性文件生效时为止。

地产、汽车销售类封顶 5 元，批发类封顶 2 元）；对航空售票、加油、超市等类型的商户，发卡行固定收益及银联网络服务费比照一般类型商户减半收取；对公立医院和公立学校，发卡行和银联暂不参与收益分配。

（4）2013 年，国家发展改革委发布并于同年实施《关于优化和调整银行卡刷卡手续费的通知》，发卡行服务费和银行卡组织网络服务费实行政府定价，收单服务费实行政府指导价，具体见表 6 – 2。

表 6 – 2　　　　　　银行卡刷卡手续费标准（2013 年）

商户类别	发卡行服务费	银行卡清算组织网络服务费	收单服务费基准价
1. 餐娱类：餐饮、宾馆、娱乐、珠宝首饰、工艺美术品、房地产及汽车销售	0.9%，其中房地产和汽车销售封顶 60 元	0.13%，其中房地产和汽车销售封顶 10 元	0.22%，其中房地产、汽车销售封顶 10 元
2. 一般类：百货、批发、社会培训、中介服务、旅行社及景区门票等	0.55%，其中批发类封顶 20 元	0.08%，其中批发类封顶 2.5 元	0.15%，其中批发类封顶 3.5 元
3. 民生类：超市、大型仓储式卖场、水电煤气缴费、加油、交通运输售票	0.26%	0.04%	0.08%
4. 公益类：公立医院和公立学校	0	0	按照服务成本收取

注：单店营业面积在 100（含 100）平方米以下的餐饮类商户按一般类商户标准执行；未在表中列出的行业按照一般类商户标准执行；收单服务费标准为基准价，实际执行中可以此为基础上下浮动 10%。

（5）2016 年，国家发展改革委、中国人民银行联合发布并于同年实施《关于完善银行卡刷卡手续费定价机制的通知》，发卡行服务费改为不区分商户类别，实行政府指导价、上限管理，并对借记卡、贷记卡差别计费；网络服务费也改为不区分商户类别，实行政府指导价、上限管理，并且改由发卡、收单机构各承担一半；调整发卡行服务费、网络服务费封顶控制措施；收单服务费改为实行市场调节价，由收单机构与商户协商确定具体费率（见表 6 – 3）。

表 6 – 3　　　　　　银行卡刷卡手续费项目及费率上限表（2016 年）

收费项目	收费方式	费率及封顶标准
发卡行服务费	发卡机构 向收单机构收取	借记卡：不高于 0.35%（单笔收费金额不超过 13 元）
		贷记卡：不高于 0.45%
网络服务费	银行卡清算机构 向发卡机构收取	不高于 0.0325%（单笔收费金额不超过 3.25 元）
	银行卡清算机构 向收单机构收取	不高于 0.0325%（单笔收费金额不超过 3.25 元）
收单服务费	收单机构向商户收取	实行市场调节价

总结我国银行卡刷卡手续费标准的五次规制方案，可以发现以下几点：

第一，商户结算手续费率（即商户扣率）早期曾被设定最低标准，2004 年以后取消该最低标准，并且不再明文规制商户结算手续费率。21 世纪来临之际正值我国大力推进银行卡联网通用的时期，规定商户结算手续费率最低标准有利于保障发卡行、跨行信息交换中心特别是收单机构的经济利益，推动受理环境建设，调动各方开展联网通用的积极性。随着中国银联的正式成立和联网通用目标的实现，设定商户结算手续费率最低标准的经济合理性渐失而终被取消。此外，2013 年的规制方案由于在总体上显著降低了发卡行和网络服务费率，因而实际上显著降低了商户结算手续费率。2016 年的规制方案一改以往的规制模式，但总体上仍再次显著降低了商户结算手续费率。

第二，与商户结算手续费相对应，收单服务费早期也被设定最低标准，并在实际上形成了发卡行、网络和收单机构之间对商户结算手续费"8∶1∶1"的分配比例。2004 年的规制方案取消了收单服务费的最低标准，并在之后的实践中形成了发卡行、网络和收单机构之间对商户结算手续费"7∶1∶2"的分配比例。2013 年的规制方案对收单服务费实行政府指导价，即设定收单服务费基准价，实际执行中可以此为基础上下浮动10%，不过，基准价的设定仍然显著体现了"7∶1∶2"分配比例的思路。

2016 年的规制方案完全取消了收单服务费规制，主要原因是收单服务市场的竞争比较充分，无论是价格上限规制还是价格下限规制，均没有经济合理性。

第三，2016 年的规制方案较之以往具有明显的改革性。首先，前五次规制方案的基本模式相同，即都是以分商户类别而不分卡种的方式进行规制，而 2016 年的规制方案则是基于卡种而不分商户类别进行规制，分商户类别的具体定价方案可由银行卡组织在不超过上限标准的范围内自行决定，第一次与国际上主流的规制方案在模式上达成一致。其次，2016 年的规制方案首次对发卡行服务费和网络服务费采用"费率上限结合单笔金额上限"的方式，并且对贷记卡（信用卡）单笔交易的发卡行服务费金额不设上限，一定程度上反映了发卡行提供信用卡服务的综合成本高于借记卡的事实。

6.3.3 对纵向限制的规制

尽管对银行卡组织纵向限制的监管手段包括反垄断和直接规制两种，但在我国到目前为止仅限于直接规制。

首先是对排他性交易的规制。境内人民币银行卡清算市场长期以来只有中国银联一家企业提供服务，因此也就不存在所谓的不同银行卡组织之间的排他性问题。在 2015 年决定放开银行卡清算市场之后，在理论上不能排除未来出现银行卡组织实施排他性规则的可能，因此，官方出台了相应的规制措施。2015 年《国务院关于实施银行卡清算机构准入管理的决定》第三条规定，"……（二）银行卡清算机构不得限制发卡机构和收单机构与其他银行卡清算机构开展合作"。2016 年《银行卡清算机构管理办法》第三十条规定，"银行卡清算机构有以下情形的……责令限期改正，并给予警告或者处 1 万元以上 3 万元以下的罚款；情节严重的，根据《中华人民共和国中国人民银行法》第四十六条的规定进行处罚：……（八）限制发卡机构或收单机构与其他银行卡清算机构合作的。"可见，规制机构显然是禁止银行卡组织实施排他性规则。

其次是禁止额外收费规则。当前我国唯一的人民币银行卡清算机构中国银联历来禁止商户对银行卡刷卡额外收费。例如，在一份中国银联湖南分公司印制的《银联网络特约商户受理人民币银行卡协议书》中，有如下规定，"乙方①对持卡人使用银行卡支付费用必须与支付现金一视同仁，不得采用不同价格或提供低于采用现金支付水平的服务。乙方不得将应付的银行卡交易手续费转嫁给持卡人，否则一经查实，甲方②将对该笔交易款项予以拒付并退单，所造成的经济损失由乙方承担"，这显然是禁止额外收费的条款。我国相关规制机构历来对此予以默认，也可以说实际上这符合规制机构的政策理念。直到 2013 年，中国人民银行发布的《银行卡收单业务管理办法》第十二条第一次直接对此进行了明文规定："收单机构……应当要求特约商户履行以下基本义务：……（四）不得因持卡人使用银行卡而向持卡人收取或变相收取附加费用，或降低服务水平。"

最后是受理所有卡规则。为了促进银行卡联网通用，推动银行卡使用的普及，规制机构历来直接设定受理所有卡规则。2005 年《中国人民银行关于规范和促进银行卡受理市场发展的指导意见》明确规定，"商户收单机构自行布放或委托第三方服务商布放的 POS 机具应符合联网通用的业务规范和技术标准，张贴统一的'银联'标识，并能够受理所有'银联'标识卡。对不能实现所有'银联'标识卡受理或故意对非本行的银行卡设置障碍的商户收单机构，客户、商户和发卡机构有权向人民银行反映和投诉"。2013 年《银行卡收单业务管理办法》第十二条规定，"收单机构……应当要求特约商户履行以下基本义务：（一）基于真实的商品或服务交易背景受理银行卡，并遵守相应银行卡品牌的受理要求，不得歧视和拒绝同一银行卡品牌的不同发卡银行的持卡人……"从字面上看，该规定已不同于以往的全面的受理所有卡规则，只是不区分发卡银行的受理所有

---

① 指特约商户。
② 指收单机构。

卡规则，至于商户是否可以选择只受理同一银行卡品牌的特定类型的卡片
（比如只受理借记卡，或只受理信用卡）则并未有明确规定。

由此可见，我国与美国、澳大利亚和欧盟对银行卡组织纵向限制的监管存在显著差异的是：我国规制机构虽然对银行卡组织可能的排他性交易做了预防性和前瞻性的监管，但是约束商户的禁止额外收费规则和受理所有卡规则等"纵向限制"措施实际上直接来自规制机构本身。正如前面所述，我国自主品牌的银行卡组织，至今仍是境内唯一的人民币银行卡清算机构，与规制机构的理念总体上是一致的。因此，为了增强相关措施的权威性，在国际上多由银行卡组织自行设定的纵向限制规则，在我国由政府规制机构以行政法规或部门规章的形式直接制定，虽有别于行业国际惯例，但却符合我国银行卡产业和银行卡组织发展的特殊国情。

6.4　本章小结

我国自主品牌的银行卡组织——中国银联是在一系列产业扶持政策（包括产业保护政策和产业扶植政策）下成立和发展起来的，长期以来，维持着境内人民币银行卡清算业务的独家经营地位。截至本书完稿，境内尚未出现第二家正式投入运营的银行卡清算机构。不过，自从 2004 年 10 月国务院常务会议决定放开银行卡清算市场之后，相关政策文件和配套措施相继出台，境内人民币银行卡清算市场的开放趋势日渐明朗，境内银行卡产业发展和银行卡组织竞争将逐渐呈现全新的局面。

从银行卡组织的反垄断与规制监管来看，我国尚未发生一起针对银行卡组织的反垄断案例，相关监管主要由规制机构采取事前监管的方式实施。在准入规制方面，长期以来法规层面的模糊和操作层面的限制构成了事实上的准入规制，维持了中国银联在境内人民币银行卡清算市场的独家经营地位。银行卡清算市场开放的总体政策确立以后，通过相关政策文件和配套细则实施准入管理，其中两个核心要件在于：一则要有符合"国家

标准、行业标准"的银行卡清算标准体系；二则相关进入应有利于银行卡清算市场"公平竞争和健康发展"。

在价格规制方面，我国银行卡刷卡手续费标准历经五次调整。2016年的规制方案相比以往的在以下三个方面呈现出明显的改革性：一是完全取消了收单服务费规制；二是基于卡种而不分商户类别进行规制，第一次与国际上主流的规制方案在模式上达成一致；三是首次对发卡行服务费和网络服务费采用"费率上限结合单笔金额上限"的方式，并且对贷记卡（信用卡）单笔交易的发卡行服务费金额不设上限，反映了发卡银行信用卡服务成本高于借记卡的行业共识。

在纵向限制的规制方面，我国规制机构明文禁止银行卡清算机构实施排他性规则，这与美国、澳大利亚和欧盟等典型国家和地区的监管相似。不同之处在于，禁止额外收费和受理所有卡这两项规则在上述国家和地区通常是由银行卡组织向商户施加，监管机构对这两项纵向限制可能采取一些监管措施；而在我国，这两项规则目前仍是由规制机构直接设定的，自然也就暂不存在对这两项纵向限制进行规制的问题。

7

我国银行卡组织的反垄断政策建议

基于前面的分析，银行卡组织之间的竞争行为不宜套用传统的基于单边逻辑的反垄断理论进行考察。应立足我国国情，充分重视银行卡组织的双边平台性质，并且反思和借鉴典型国家和地区银行卡组织的监管实践，对我国银行卡组织反垄断政策予以恰当的安排。本章将对反垄断在我国银行卡组织监管中的角色定位、违法确认原则的适用以及银行卡组织典型限制行为的监管提出政策建议。

7.1 银行卡组织的监管模式：反垄断政策的角色定位

推动我国银行卡清算市场走向有效竞争，促进银行卡组织效率提升和银行卡产业健康发展，首先需要对银行卡组织的反垄断与规制监管模式进行设计。"他山之石，可以攻玉"。考察典型国家和地区银行卡组织监管模式的法律与经济背景，可以为我国银行卡组织监管模式的选择提供启发。正如前面所述，从银行卡组织的监管模式来看，美国采取的是以反托拉斯法律为基础的事后监管为主的模式，欧盟融合并逐渐建立起了竞争法基础上的事后监管和规制机构事前监管并用的混合监管模式①。对此，可以从微观经济政策的理念、传统和文化的角度考察和比较美国和欧盟银行卡组织监管模式的法律与经济背景。

7.1.1 美国和欧盟银行卡组织监管模式的法律与经济背景

先看美国。美国具有浓厚的经济自由主义传统，崇尚对经济运行尽可能少的干预。尽管 20 世纪 30 年代的大萧条挑战了这一传统，而且在此背景下催生了宏观经济政策和宏观经济学体系②，但在微观经济层面仍然在总体上遵循着经济自由主义的理念和传统，对于那些并非因政府授权而形成垄断的行业极少采用直接规制手段（如准入规制、价格规制等）。并且，私人反垄断法实施在美国的反垄断法实施中发挥着重大作用，私人反垄断诉讼的比例在联邦层面高达九成。在过去的大约 100 年中，依托 3 倍损害赔偿救济③的私人反垄断法实施在美国反垄断法理的发展中扮演了主要角色。以此观之，银行卡产业和银行卡组织在美国的诞生和发展并非源自政府推动，美国银行卡清算业务的寡头结构也是在竞争中自发形成

---

① 前面已述，澳大利亚对银行卡组织的监管采取的是以规制机构事前监管为主的模式，强调直接规制而过于弱化反垄断政策的运用，这一模式已经引起了广泛的质疑和批评。值得注意的是，澳大利亚银行卡清算市场的寡头竞争格局是市场自发竞争的结果，并不是政府通过行政权力授予的结果，从理论上看本不应强调直接规制，弱化反垄断政策的运用则更加没有理据。因此，澳大利亚对银行卡组织的监管模式不值得我国参考，此处不予讨论。

② 现代宏观经济政策首次在 1933 年开始施行的罗斯福新政中得到大规模运用，而现代宏观经济学体系的奠基之作是凯恩斯于 1936 年出版的《就业、利息和货币通论》。尽管罗斯福可能没有通读过凯恩斯的著作，但罗斯福新政显然受到了凯恩斯主义的影响。实际上，早在 1926 年凯恩斯就发表了《自由放任主义的终结》。在 1934 年的一次会面中，凯恩斯还向罗斯福建言，"每月两亿美元的赤字，将再次把美国带进萧条；每月三亿美元的赤字，将维持现状；每月四亿美元的赤字，将带来美国的全面复兴"。尽管罗斯福对财政赤字不无顾虑，但在罗斯福新政期间大量运用财政赤字兴办公共工程，帮助美国经济实现复苏。

③ 1914 年，美国国会通过《克莱顿法》（The Clayton Act）。该法第 4 部分（Section 4）对《谢尔曼法》（The Sherman Act）关于反竞争行为的禁止予以扩展，特别引人注目的是，允许"任何因反垄断法律所禁止的行为而在业务或财产上蒙受损失的个人"提起诉讼，并获得 3 倍于实际损失的损害赔偿。这就是所谓的 3 倍损害赔偿救济（The treble damages remedy）制度。

的，因此，一般没有理由对银行卡组织采用直接规制的监管方式。并且，在涉及银行卡组织的反垄断法实施中，私人部门可以直接向法庭提起诉讼，不用向反垄断执法机构先行投诉；而反垄断执法部门可以主动发起反垄断调查和诉讼，如果不能达成庭外和解，则由法庭对相关案件进行裁决。

再看欧盟。尽管经济自由主义思想实际上发源于欧洲中世纪末期以反对神权、反对封建割据、反对蒙昧、倡导个性解放、复兴古希腊和古罗马优秀传统文化等为主要内容和特征的文艺复兴运动，但其与国家干预主义思想在欧洲竞争和激荡数百年后，欧洲各国对经济自由主义和国家干预主义的认识、理解和应用各有不同，并因时代变化有异。与美国相比，欧洲一些主要国家（如法国、德国）具有更积极的微观经济干预传统。欧盟作为一个由若干主权国家联合起来结成的区域性的政治经济联盟，联盟层面的经济政策（其中包括微观经济政策，如反垄断政策、政府规制等）通常是各成员国相互协商一致的结果，因此其反映的目标、主旨和理念也就更为多元和复杂，特别是还要反映欧盟经济一体化的宏观战略目标。并且，由于成员国间在经济发展水平和法律传统等方面的差异、集体诉讼的可得性不足等原因，私人反垄断法实施在欧盟层面的反垄断法实施中几乎没有发挥任何作用。虽然欧盟在 2005 年和 2008 年两度发布《关于违反欧盟反垄断规则的损害赔偿诉讼的绿皮书》，2014 年《欧盟反垄断损害赔偿诉讼指针》正式成为法律，以期促进和推动私人损害赔偿诉讼，但私人反垄断法实施的文化仍然远未形成，私人损害赔偿诉讼的进展非常缓慢。私人部门在欧盟层面的反垄断诉求通常还是首先向欧盟委员会表达，以此敦促欧盟委员会进行相关调查和裁决。

从对银行卡组织的监管来看，欧盟自 2007 年《支付服务指针》发布以后转向更为频繁的反垄断调查和逐渐强化直接规制，一方面是反映了欧盟层面的微观经济政策理念在自由主义和干预主义之间的此消彼长，另一方面这种转变是服务于建立单一欧元支付区、推动欧盟经济一体化的宏观战略需要。并且，在涉及银行卡组织的反垄断实施中，欧盟委员会发挥着绝对主导作用，私人反垄断法实施尚未发挥作用。

总之，美国对银行卡组织的监管模式符合其微观经济政策的自由主义传统和理念，其中，私人反垄断法实施能够发挥重要作用是由于美国在过去的 100 年中形成了悠久的私人反垄断法实施传统。欧盟对银行卡组织的监管模式的形成一方面反映了欧盟层面的微观经济政策在自由主义理念和干预主义理念之间的此消彼长，另一方面反映了建立单一欧元支付区、推动欧盟经济一体化的宏观战略需要，并且，私人反垄断法实施发挥的作用非常有限也与欧盟反垄断政策实施的传统、文化相一致。更一般地，美国和欧盟各自对银行卡组织的监管模式均与本国或本区域的国情或"域情"密切相关，反映了本国或本区域微观经济政策的理念、传统和文化。

7.1.2 我国银行卡组织监管模式的重构

我国对银行卡组织的监管历来主要由中国人民银行负责，同时，国家发展和改革委员会、银行保险监督管理委员会也承担一定的监管职能，换言之，采取的是规制机构事前监管模式。此种模式与我国银行卡产业和银行卡组织发展的特殊国情有关。一方面，正如本书第 6 章所揭示的，我国银行卡产业的"金卡工程"和联网通用工作是由以中国人民银行为主要组织者的官方所推动的，作为自主品牌银行卡组织的中国银联也是在中国人民银行的组织和推动下成立起来的，中国银联自成立以来在境内人民币银行卡清算市场的独家经营地位来自政府行政权力的授予。既然中国银联的垄断地位来自政府授予，那么政府自然对其负有进行直接规制的责任和义务。另一方面，我国社会主义市场经济体制和反垄断法律体系正在日益完善，在这一宏观背景下，相较于成熟市场经济国家，政府直接规制在我国微观经济政策体系中的地位自然更为突出。

不过，我国对银行卡组织的监管模式当前正面临着重构的需要。尽管自从《中华人民共和国反垄断法》2008 年 8 月 1 日起施行以来尚无一起针对银行卡组织的反垄断调查或诉讼案件，但反垄断法律体系和执法、司法的发展与完善是不可逆转的时代洪流。随着境内人民币银行卡清算市场开放政策的稳步落实，银行卡清算市场的垄断格局将被打破，银行卡组织相互竞争的局面将逐渐成为现实，相应地，以保护市场公平竞争为主要宗旨的反垄断法也应被用以预防和制止银行卡组织的垄断行为。以反垄断法为基础的事后监管方式将被更多地应用在银行卡组织的监管上，从而逐渐建立起融合规制机构事前监管和反垄断法基础上的事后监管两种方式的混合监管模式。需要指出的是，在我国建立银行卡组织混合监管模式的目的与欧盟不同。欧盟在反垄断法事后监管之外增加和强化规制机构事前监管的目的在于建立单一欧元支付区、推动欧盟经济一体化，而我国在规制机构事前监管之外增加反垄断法事后监管的目的是保护银行卡清算市场公平竞争、促进银行卡组织效率提升和银行卡产业健康发展。

进一步地，在我国建立银行卡组织混合监管模式的一个关键在于厘清两种监管方式的权限。从反垄断执法机构和行业规制机构的一般特点来看，反垄断执法机构拥有比较专业的执法队伍与丰富的执法经验，而行业规制机构对传统的自然垄断行业掌握着丰富的行业技术特征和发展动态等方面的信息，通过反垄断执法机构和行业规制机构两者监管的合理适用与协调配合，可以达到比较理想的监管效果。但是为了避免由于行业规制机构与规制对象之间的密切关系而导致"规制俘获"问题，一般要确定行业规制制度不得与反垄断法主旨相抵触的原则。从我国立法的具体情况来看，《中华人民共和国反垄断法》是全国人民代表大会常务委员会制定的普通法律，而有关银行卡业务（包括银行卡清算业务在内）的最高位阶的立法是中国人民银行制定的部门规章，因此，按照上位法优于下位法的法律效力原则，中国人民银行制定的有关银行卡业务的部门规章不应违背《中华人民共和国反垄断法》的主旨。反垄断执法机构拥有对银行卡组织涉嫌垄断行为案件的管辖权，除非相关行为是行业规制机构所明确要求或授权的，并且行业规制机构有效履行了其规制责任。

此外，在银行卡清算市场开放的趋势下，规制机构应考虑逐步减少原本多由银行卡组织向商户施加的纵向限制，淡化规制机构角色和企业角色的重叠成分，增强规制机构角色和功能的中立性和客观性。如果银行卡组织在其网络内部对其他参与主体实施的纵向限制具有排除、限制竞争的嫌疑，可由反垄断执法机构启动调查，或由私人部门依据反垄断法提起诉讼。

7.2　银行卡组织反垄断违法确认原则的适用

反垄断违法确认的两个基本原则是合理原则和本身违法原则。其中，本身违法原则实际上一个相对的、经验性的原则。通常来说，适用本身违法原则的前提是关于特定限制行为的司法经验已足够丰富，基于合理原则的分析一再地证明相关行为的反竞争性质，因而在以后的司法实践中可以采用本身违法原则快速处理，以节约司法成本、提高司法效率。从这个意义上看，合理原则是反垄断违法确认的更具基础性的原则。

我国首部反垄断法律直到 2008 年才正式出台，反垄断司法经验显然不足。因此，我国的《反垄断法》在本身违法原则的适用上，借鉴了反垄断法实施历史更为悠久、经验更为丰富的成熟市场经济国家的反垄断经验，在该法第十三条、第十四条对横向限制行为、转售价格固定和最低转售价格维持总体上适用本身违法原则，但同时也在第十五条对本身违法原则的适用进行了限制，体现了国别差异和合理原则的基础性。而在该法第十七条关于滥用市场支配地位的条文中，则显著表明了适用合理原则，例如，"（四）没有正当理由，限定交易相对人只能与其进行交易或者只能与其指定的经营者进行交易①；（五）没有正当理由搭售商品，或者在交易时附加其他不合理的交易条件"，均一再强调"没有正当理由""不合理"的确认要件。

---

① 《中华人民共和国反垄断法》第十七条第（四）款指的就是排他性交易。

进一步地，在双边平台市场上，位于平台两侧的用户的需求相互依赖性、间接网络外部性对反垄断的相关市场界定、市场势力度量和限制行为效果分析等带来不少新的议题①。特别地，双边平台采取的一些在传统的单边逻辑下被认为具有显然的反竞争性质的限制行为实际上可能具有更多的效率理由。以银行卡组织交换费的集中定价机制为例，按照传统的基于单边逻辑的反垄断理论，这显然属于竞争者之间的横向固定价格协议，因适用本身违法原则而受到谴责，但在 1979 年 Nabanco 诉维萨一案中，法院最终却是适用合理原则进行分析，并且裁决交换费的集中定价机制避免了众多发卡机构和众多收单机构进行双边协商而产生的诸多交易成本，具有显著的效率利益，因此并不违法。

可见，对银行卡组织这类具有双边平台性质的企业的反垄断分析，不仅在对涉嫌滥用市场支配地位以及合并控制适用合理原则分析时应充分考量双边需求相互依赖性和间接网络外部性提供的效率理由，而且由于双边平台的反垄断司法实践尚未达成足够的具有一致性的经验，因此，对传统上多被认为具有本身违法性质的横向限制行为的反垄断违法确认也应慎用本身违法原则，一般情况下建议首先适用"缩短的合理原则"，至少应当听听当事人对其行为所做的辩解后再作考量。

7.3　银行卡组织典型限制行为的反垄断政策建议

在银行卡清算领域受到较多关注的典型限制行为主要包括交换费的横向限制、排他性规则、禁止额外收费规则、禁止引导规则和受理所有卡规则等纵向限制。本节将对这些典型限制行为的反垄断政策给出建议。

---

① 参见 Wright (2004b)，Evans and Schmalensee (2012)，Gurkaynak etc. (2016) 等。

7.3.1　交换费定价的反垄断政策

交换费在我国监管语境中被称为发卡行服务费，作为银行卡刷卡手续费的主要构成部分，一直受到规制机构的直接规制。自 1999 年首次规定商户结算手续费标准以来，境内银行卡刷卡手续费标准已历经多次调整。简单来说，交换费的定价在我国也是采用了集中定价机制，只不过实施定价的主体至少在形式上是主管的规制机构，而不是银行卡组织及其成员银行。

交换费的这种集中定价机制在银行卡产业起步较早的美国、澳大利亚和欧盟都曾受到过反垄断法律的挑战，但无论是美国、澳大利亚还是欧盟的监管机构或者法庭最终都承认，在开放式银行卡网络内，交换费及其集中定价机制具有明显的经济合理性，还没有比这更好的机制。因此，这一貌似竞争者之间横向固定价格的定价机制本身不应被认定为违反反垄断法而受到法律的调整。

然而，关于交换费的水平还是有不少担忧、抱怨或指责。作为回应，一些国家和地区选择对部分或全部银行卡交换费的上限进行了规制。不过，仔细研判这些交换费规制的动机及其效果，我们发现：

（1）美国对交换费的规制名义上是为了增进消费者福利、提高支付系统效率，但规制需求实际上却是来自特约商户（尤其是大型零售商），也就是规制的名义受益主体和实际需求主体不一致，因此其名义动因并不可信；此外，美国迄今只对借记卡交换费实施了十分谨慎的上限规制，政策效果也已经受到了经验研究的广泛质疑[①]。

（2）澳大利亚对交换费定价的直接规制主要是为了引导消费者增加使用借记卡，减少使用被官方认为成本更高、效率更低的信用卡，但是正如

---

① Evans D S, Chang H, Joyce S. The impact of the US debit-card interchange fee regulation on consumer welfare [D]. Coase-Sandor Institute for Law and Economics Working Paper, 2013, No. 658.

第3章已经指出的，对信用卡和借记卡效率的判断本身是很不可靠的；进一步来说，澳大利亚官方基于自身对不同产品或服务的认识而实施相应的干预措施，直接选择具体产品的类型，这是试图以政府权力直接干预产品多元化发展方向，降低了消费者选择多元化产品的机会，这种对微观经济生活的干预应属过度，无助于提高经济效率和消费者福利，因而并不值得推崇。

（3）欧盟以反竞争效应作为交换费监管的理由，不仅理论依据存在问题，而且没有得到事实证据的支持，实际上，其真实考量是避免欧盟内部支付市场的碎片化，相关政策在很大程度上是服务于建立单一欧元支付区和欧盟经济一体化的战略需要（或者说政治需要），然而，我国并不存在这种战略或者政治需要。

（4）对交换费实施上限规制的理论依据通常是以单边型企业为分析对象的传统经济学，而银行卡组织是典型的双边平台型企业，因此，任何基于单边逻辑而进行的监管（如澳大利亚的交换费规制）首先在经济学理论基础上就是站不住脚的，也没有得到事实证据的支持。

因此，结合前面对我国银行卡产业和银行卡组织的发展和政策的分析，可以做出如下判断：一方面，由于中国银联以往实际是境内人民币银行卡清算业务的授权垄断供应商，依据规制经济学的理论和政策逻辑，政府理应对其实施直接的价格规制，因此可以说，中国人民银行长期以来对发卡行服务费（即交换费）的直接规制总体来说是必要的、合乎逻辑的；另一方面，在走向银行卡清算市场开放、营造银行卡清算市场有效竞争格局的趋势下，有必要逐步放松和减少对交换费的直接规制，而代之以必要的反垄断考察，例如当银行卡组织之间出现可能的价格协调行为时适用"缩短的合理原则"进行反垄断审查。

7.3.2 纵向限制行为的反垄断政策

前面已述，根据现有的反垄断理论和经验，对纵向非价格限制的反垄断违法确认一般应该适用合理原则分析。并且，要认定一个纵向非价格限制对竞争产生了负面影响，必须证明它对适当界定的相关市场的很大比重产生了影响。如果被告在适当界定的相关市场上的市场份额很小，不具有市场支配地位，那么其纵向非价格限制行为通常就应该不受谴责。即使被告被认定具有市场势力或者市场支配地位，其纵向限制行为也并不必然非法，被告可以解释其限制行为合理的商业理由进行抗辩，再继续此后的审理程序。对纵向非价格限制应该适用合理原则进行反垄断分析，这一结论同样适用于银行卡组织实施的纵向限制。此外，需要格外注意的是，银行卡组织属于双边客户间有交易的平台。这样的平台能否取得成功，关键取决于其能够在多大程度上降低双边客户的交易成本，增加双边客户间的正外部性，减少双边客户间的负外部性，以此提高平台对双边客户的价值，而一些纵向限制措施有助于平台达到这些目标。因此，对银行卡组织纵向限制的反垄断分析需要特别注意其双边平台性质对相关行为合理性的支撑。

通过前面对典型国家和地区银行卡组织纵向限制监管的分析和比较，立足我国银行卡组织发展和相关政策的历史和现实，结合纵向限制的传统反垄断理论和双边市场理论，本书对我国银行卡组织典型纵向限制行为的反垄断政策提出以下建议。

7.3.2.1 对在位者与进入者实施的排他性交易进行区分

《国务院关于实施银行卡清算机构准入管理的决定》（2015）和《银行卡清算机构管理办法》（2016）均规定，银行卡清算机构不得限制发卡机构和收单机构与其他银行卡清算机构开展合作，这显然是禁止银行卡清算机构实施排他性规则，这与美国、澳大利亚、欧盟的监管相仿。不过，正如前面所述，这种不区分在位者和进入者的监管措施已在学术界引起较多质疑①。这是因为，作为双边平台的银行卡组织要利用间接网络外部性

---

① 参见：Evans D S. Economics of Vertical Restraints for Multi-Sided Platforms [D]. University of Chicago Institute for Law & Economics Olin Research Paper, 2013, No. 626；Evans D S, Schmalensee R. The Antitrust Analysis of Multisided Platform Businesses [D]. Chicago Institute for Law and Economics Working Paper, 2012, No. 623；Lee R S. Vertical Integration and Exclusivity in Platform and Two-Sided Markets. 2013, http：//www. people. fas. harvard. edu/robinlee/papers/VIExclusivity. pdf.

实现自我增强式的加速增长，必须达到临界规模，即在消费者和商户两边均吸引足够多的客户，从而可以为两边客户创造价值，进而才能吸引更多客户加入和使用银行卡组织的平台服务。具体来说，如果那些已经超越临界规模、具有境内网络优势或者境外网络优势的在位银行卡组织实施排他性规则，将极有可能阻挠新的进入者参与市场竞争。然而，如果是新进入的银行卡组织在初创阶段实施排他性规则，则更有可能有助于其达到其临界规模，进而可以实质性地参与和推动市场竞争，更加具有反垄断法意义上的合理性。从更一般的意义上说，排他性交易并不具有本身违法性质，在反垄断执法和司法过程中，对于银行卡组织可能实施的各类排他性交易（包括但不限于排他性规则），不宜"一刀切"地予以禁止，应适用合理原则对在位者和进入者实施的排他性交易予以区分。

7.3.2.2 额外收费的禁止性规定可予维持，对可能被应用的禁止引导规则实施谨慎监管

银行卡组织的一些纵向行为约束引起了反垄断执法机构和法庭的注意，因为这些纵向行为约束有时候可能会限制客户使用其他竞争性的平台。然而，银行卡组织的双边平台性质提醒我们在考察纵向行为约束时不能忽略其对平台另一边的影响。作为双边平台，银行卡组织面对的双边客户间具有间接网络效应，因此，通常会对加入平台的客户的行为施加一些限制，以减少客户采取对平台另一边具有负外部性的行为，促进双边间正外部性的发挥。

从禁止额外收费规则来看，如果没有这项规则，商户可能对消费者采取机会主义行为[①]，交换费也将失去其"平衡双边用户需求"的功能而变为"中性"。由于银行卡组织的双边平台性质，禁止额外收费规则不仅直接对消费者有利，甚至可能最终对商户整体也有利，从而有利于运营一个良好的、可持续发展的银行卡组织平台，具有内在的商业上的合理性。因

---

① 在澳大利亚废除对额外收费的禁止性规定后，确有一些商户对消费者采取机会主义性质的额外收费。

此，我们才会看到，尽管该规则近十年来在美国、澳大利亚、欧盟受到了越来越多的挑战和限制，但采取积极干预态度的监管机构近年来又不得不主动限制商户额外收费的能力。基于中国银行卡清算市场开放背景下应逐步放松交换费干预以充分发挥"交换费平衡双边用户需求"功能的基本判断，继续维持对额外收费的禁止性规定并无不妥。而在禁止引导规则方面，由于中国银联长期以来是境内人民币银行卡清算服务的唯一供应商，并且在 2016 年以前银行卡刷卡手续费并不区分卡种收取，因此商户并没有将相关支付引导至特定银行卡组织或特定银行卡类型的需要，当然也就没有必要实施禁止引导规则。不过，在银行卡清算市场开放的前景下，禁止引导规则将很有可能被银行卡组织应用，届时不妨参考前述美国运通、维萨和万事达关于该规则的案件①，适用合理原则，充分考虑涉案银行卡组织的市场地位、商业模式和行为目的等因素进行反垄断分析。

7.3.2.3 依市场势力和规则类型对受理所有卡规则实施差别监管

一方面，一个新进入的银行卡组织或者一个市场势力不显著的银行卡组织，采取某种形式的搭售安排，很可能是其为了提高平台价值、实现临界规模和可持续增长的手段，通常来说不需要引起多少反竞争的担忧。另一方面，如果是一个在位的具有显著市场势力的银行卡组织实施某种搭售安排，则需要基于合理原则具体分析这种搭售安排对竞争可能产生的限制以及促进作用，特别是它是否会封闭搭卖品市场的很大部分从而严重削弱搭卖品市场的竞争，或者通过搭售实施掠夺性定价，以期赶跑搭卖品市场的竞争者之后在搭卖品市场实施垄断定价。在进行合理原则分析时，必须考察相关搭售行为对银行卡组织双边客户的影响，以此为基础综合评价其对相关市场竞争的影响。

就受理所有卡规则来说，有些商户可能会因为受理信用卡的成本高于借记卡，而认为银行卡组织的这个条款对它们不利，但对消费者而言，这个规则会使得他们在购物现场不会因商户只受理特定卡种而无法完成交

---

① 见本书 4.3.1 (2)。

易。简单来说，即便这种搭售在直观上对商户不利，但也不能忽略这对平台另一边的消费者可能有利，继而可能通过间接网络外部性和正反馈效应给商户带来更多的交易利益。因此，分析银行卡组织搭售对竞争的影响，不应只考察该搭售行为对平台一边的影响，还应考察其对平台另一边的影响以及可能的正反馈效应。

结合美国、澳大利亚和欧盟的相关监管进行观察，不分发卡机构的受理所有卡规则因具有显著合理性而普遍得以维持，但不分卡种的受理所有卡规则因将产品特性和成本显著不同的信用卡和借记卡捆绑销售而被普遍禁止。中国人民银行2013年发布的《银行卡收单业务管理办法》关于受理所有卡的规定从字面上看是不区分发卡银行的受理所有卡规则，不包括不分卡种的受理所有卡规则，商户是否可以选择只受理同一银行卡品牌特定类型的卡片并未明确规定。当前，中国银行卡清算市场正走向开放，银行卡刷卡手续费也已基于卡种（借记卡和信用卡）进行差别规制。若银行卡组织要求商户必须受理其银行卡品牌下的所有卡种，实施不分卡种的受理所有卡规则，相对来说可能具有更强的反竞争性，特别是在其具有市场支配地位的情况下，因此可以适用缩短的合理原则进行反垄断审查。

参 考 文 献

[1] 埃文斯，斯默兰. 银行卡时代：消费支付的数字化革命 [M]. 北京：中国金融出版社，2006.

[2] 波斯纳. 反托拉斯法 [M]. 孙秋宁译. 北京：中国政法大学出版社，2002.

[3] 卜军. 互联网交易冲击下的银行卡定价策略——基于双边市场理论的实证研究 [J]. 财经科学，2015 (12)：37 – 47.

[4] 陈灿祁. 欧盟反垄断私人实施原告资格研究 [J]. 学术论坛，2016 (10)：154 – 159.

[5] 陈富良，郭兰平. 负的组内网络外部性下双边平台定价策略研究 [J]. 江西财经大学学报，2014 (1)：25 – 34.

[6] 程贵孙，李银秀. 平台型产业反垄断规制的几个关键问题研究 [J]. 当代财经，2009 (7)：71 – 76.

[7] 程贵孙，孙武军，万玲珠. 国外银行卡产业理论研究的新进展 [J]. 产业经济研究，2007 (1)：71 – 79.

[8] 程贵孙. 我国银行卡产业垄断势力的界定与政府管制政策研究 [J]. 当代财经，2010 (5)：84 – 90.

[9] 董维刚，张昕竹. 银行卡产业特征与反垄断难题 [J]. 数量经济技术经济研究，2007 (6)：111 – 119.

[10] 樊瑛. 澳大利亚的国家竞争政策及启示 [J]. 亚太经济，2002 (6)：27 – 29.

[11] 傅联英. 银行卡支付平台竞争绩效及其生存区间分析 [J]. 上

海管理科学，2011，33（5）：25－28．

[12] 傅联英．银行卡支付平台双边市场特征识别与测度 [J]．商业研究，2013（6）：125－132．

[13] 胡洪斌．中国产业进入规制的经济学分析 [D]．昆明：云南大学，2011：14．

[14] 霍温坎普．反垄断事业：原理与执行 [M]．吴绪亮等译．大连：东北财经大学出版社，2011．

[15] 霍温坎普．联邦反托拉斯政策：竞争法律及其实践 [M]．许光耀等译．北京：法律出版社，2009．

[16] 纪汉霖，管锡展．双边市场及其定价策略研究 [J]．外国经济与管理，2006，28（3）：15－23．

[17] 纪汉霖，王小芳．双边市场视角下平台互联互通问题的研究 [J]．南方经济，2007（11）：72－82．

[18] 纪汉霖，张永庆．用户多归属条件下的双边市场平台竞争策略 [J]．经济问题探索，2009（5）：101－107．

[19] 蒋岩波．网络产业的反垄断政策研究 [M]．北京：中国社会科学出版社，2008．

[20] 金永生．产业组织理论演变及在中国的研究现状 [J]．合肥工业大学学报（社会科学版），2003，17（1）：5－10．

[21] 李震．世贸裁决助推银联改革 [N]．法制日报，2012－10－09．

[22] 林平，刘丰波．双边市场中相关市场界定研究最新进展与判例评析 [J]．财经问题研究，2014（6）：22－30．

[23] 刘桂珠，黄华，何剑．欠发达地区金融 IC 卡推广应用的对策研究——以云南省玉溪市为例 [J]．时代金融，2017（1）：291－294．

[24] 刘启，李明志．双边市场与平台理论研究综述 [J]．经济问题，2008（7）：17－20．

[25] 陆伟刚．电信运营商内容服务市场的接入定价策略：基于双边市场的理论分析 [J]．中国软科学，2012（5）：114－127．

［26］陆伟刚，张昕竹．双边市场中垄断认定问题与改进方法：以南北电信宽带垄断案为例［J］．中国工业经济，2014（2）：122－134.

［27］罗泳涛，高平．基于双边市场的银行卡定价理论研究［J］．中南财经政法大学学报，2016（1）：114－122.

［28］骆品亮，韩冲，余林薇．我国银行卡市场双边性检验及其政策启示［J］．产业经济研究，2010（2）：64－72.

［29］骆品亮，何之渊．银商之争的经济学分析：从沃尔玛诉讼案到中国的罢刷事件［J］．上海管理科学，2005（2）：20－23.

［30］曲创，刘伟伟．双边市场中平台搭售的经济效应研究［J］．中国经济问题，2017（5）：70－82.

［31］曲创，朱兴珍．垄断势力的行政获取与高额利润的市场获得——对银联身份变迁的双边市场解读［J］．产业经济研究，2015（1）：101－110.

［32］史忠良．新编产业经济学［M］．北京：中国社会科学出版社，2007.

［33］孙武军，陆璐．交叉网络外部性与双边市场的倾斜式定价［J］．中国经济问题，2013（6）：83－90.

［34］孙毅坤，黄晓艳．银行卡产业监管的国际比较与启示［J］．上海金融，2009（5）：56－60.

［35］泰勒尔．产业组织理论［M］．北京：中国人民大学出版社，1997.

［36］唐滔智．中国审计市场过度竞争研究［D］．成都：西南财经大学，2008：13.

［37］万宗瓒．欧盟反垄断私人诉讼制度的最新发展及启示［J］．法学杂志，2013（7）：110－116.

［38］王俊豪．产业经济学［M］．北京：高等教育出版社，2008.

［39］王俊豪．政府管制经济学导论［M］．北京：商务印书馆，2001.

［40］王文祥．境内人民币银行卡清算组织的发展及其产业政策研究

[D]. 南昌：江西财经大学，2012：5-7，16-22，23-28，34-36.

[41] 王文祥，史忠良. 境内人民币银行卡清算市场的结构政策选择——"封堵"威胁引发的思考 [J]. 产业经济研究，2011 (5)：62-68.

[42] 王文祥，史忠良. 支付卡网络定价研究的进展述评 [A]. 2010年中国产业组织前沿论坛论文集 [C]. 2010：212-219.

[43] 王文祥，王剑勋. 银行卡清算机构纵向限制监管的国际比较与借鉴 [J]. 亚太经济，2017 (5)：105-109.

[44] 王文祥. 医院行业市场行为分析 [D]. 上海：上海财经大学，2005：2-3.

[45] 王文祥. 银行卡支付与境内消费关系的经验研究 [J]. 上海金融，2012 (6)：74-77.

[46] 王文祥，张良成. 境内人民币银行卡清算组织的反垄断法监管 [J]. 商业研究，2013 (8)：157-161.

[47] 王学斌，赵波，寇宗来，石磊. 失之东隅，收之桑榆：双边市场中的银行卡组织 [J]. 经济学，2007，6 (1)：227-252.

[48] 维斯库斯等. 反垄断与管制经济学 [M]. 陈甫军等译. 北京：中国人民大学出版社，2010.

[49] 文学国. 滥用与规制——反垄断法对企业滥用市场优势地位行为之规制 [M]. 北京：法律出版社，2003.

[50] 闻中，陈剑. 网络效应与网络外部性：概念的探讨与分析 [J]. 当代经济科学，2000，22 (6)：13-20.

[51] 吴昌南. 城市晚报：定价、虚假发行量与规制政策——基于双边平台理论的视角 [J]. 中国工业经济，2014 (2)：109-121.

[52] 吴汉洪，孟剑. 双边市场理论与应用述评 [J]. 中国人民大学学报，2014 (2)：149-156.

[53] 武云亮，岳中刚. 银行卡产业交易定价的理论与实证研究 [J]. 经济管理，2008 (12)：54-60.

[54] 咸红心，刘月辉. 34亿张银行卡需要换"芯"银行为何要给客

户找麻烦 [N]. 中国妇女报, 2014 – 11 – 19.

[55] 辛云勇. EMV 暗流 [N]. 互联网周刊, 2006 – 08 – 01.

[56] 胥莉, 陈宏民. 基于不同市场结构的银行卡组织绩效研究 [J]. 管理工程学报, 2007 (3): 35 – 38.

[57] 徐晋, 张祥建. 平台经济学初探 [J]. 中国工业经济, 2006 (5): 40 – 47.

[58] 杨公朴, 干春晖. 产业经济学 [M]. 上海: 复旦大学出版社, 2005.

[59] 杨治. 产业经济学导论 [M]. 北京: 中国人民大学出版社, 1985.

[60] 叶高芬. 澳大利亚行政性垄断规制经验及其启示——基于 "国家竞争政策" 的解读 [J]. 中国社会科学院研究生院学报, 2015 (3): 78 – 83.

[61] 于立, 吴绪亮. 产业组织与反垄断法 [M]. 大连: 东北财经大学出版社, 2008.

[62] 岳中刚. 双边市场的定价策略及反垄断问题研究 [J]. 财经问题研究, 2006 (8): 30 – 35.

[63] 岳中刚. 银行卡产业运作模式与反垄断问题研究 [J]. 当代财经, 2007 (3): 81 – 85.

[64] 曾晶. 反垄断法上转售价格维持的规制路径及标准 [J]. 政治与法律, 2016 (4): 24 – 38.

[65] 张嫚, 于葳. 从银行卡产业的运行机制看 "银商纠纷" 的制度根源 [J]. 财经问题研究, 2006 (4): 34 – 39.

[66] 张占江. 反垄断法与行业监管制度关系的建构——以自然垄断行业内限制竞争问题的规制为中心 [J]. 当代法学, 2010 (1): 108 – 120.

[67] 张占江, 徐士英. 自然垄断行业的反垄断法适用——以电力行业为例 [J]. 法学研究, 2006 (6): 53 – 68.

[68] 植草益. 微观规制经济学 [M]. 北京: 中国发展出版社, 1992.

［69］钟庭军，刘长全．论规制、经济性规制和社会性规制的逻辑关系与范围［J］．经济评论，2006（2）：146－151．

［70］周琼．从国外银行卡组织的历史与现状看银联发展路径之争［J］．上海金融，2007（4）：48－53．

［71］周亚光．国际航空运输垄断行为法律规制研究［M］．北京：法律出版社，2017．

［72］朱彤．外部性、网络外部性与网络效应［J］．经济理论与经济管理，2001（11）：60－64．

［73］朱彤．网络效应经济理论：文献回顾与评论［J］．教学与研究，2003（12）：66－70．

［74］朱振中，吕廷杰．双边市场经济学研究的进展［J］．经济问题探索，2005（7）：125－129．

［75］Ahlborn C，Evans D S，and Padillla A J. The Antitrust Economics of Tying：A Farewell to Per Se Illegality［J］. The Antitrust Bulletin，2004：287．

［76］Alexander S. Australian Market［EB/OL］. http：//www. stuartalexander. com. au/aust_grocery_market_woolworths_coles_wholesale. php，2015－04－23．

［77］Amelio A，and Jullien B. Tying and Freebies in Two-Sided Markets. IDEI Working Paper，2007，No. 445．

［78］Armstrong M，and Wright J. Two-sided Markets，Competitive Bottlenecks and Exclusive Contracts［J］. Economic Theory，2007（32）：353－380．

［79］Armstrong M. Competition in Two-sided Markets［J］. RAND Journal of Economics，2006，37（3）：668－691．

［80］Auer D，and Petit N. Two-sided Markets and the Challenge of Turning Economic Theory into Antitrust Policy［J］. The Antitrust Bulletin，2015，60（4）：426－461．

［81］Bain J S. Industrial Organization［M］. New York：John Wiley &

Sons Inc. , 1968.

[82] Baumol W J, and Willig R D. Fixed Costs, Sunk Costs, Entry Barriers, and Sustainability of Monopoly [J]. The Quarterly Journal of Economics, 1981, 96 (3): 405 – 431.

[83] Baumol W J, Bailey E E, and Willig R D. Weak Invisible Hand Theorems on the Sustainability of Multiproduct Natural Monopoly [J]. The American Economic Review, 1977, 67 (3): 350 – 365.

[84] Baumol W J. On the Proper Cost Tests for Natural Monopoly in a Multiproduct Industry [J]. The American Economic Review, 1977, 67 (5): 809 – 822.

[85] Baumol W J, Panzar J C, and Willig R D. Contestable Markets and the Theory of Industrial Structure [M]. New York: Harcourt Brace Jovanovich, 1982.

[86] Baxter W. Bank Interchange of Transactional Paper: Legal and Economic Perspectives [J]. Journal of Law and Economics, 1983, 26 (3): 541 – 588.

[87] Bolt W, and Schmiedel H. SEPA, Efficiency, and Payment Card Competition. DNB Working Paper, 2009, No. 239.

[88] Bolt W, Jonker N, and van Renselaar C. Incentives at the counter: An empirical analysis of surcharging card payments and payment behavior in the Netherlands. DNB Working Paper, 2008, No. 196.

[89] Boudreau K J, and Andrei H. Platform Rules: Multi-sided Platforms as Regulators. Harvard Business School Working Papers, 2008.

[90] Bowman W S. Tying Arrangements and the Leverage Problem [J]. The Yale Law Journal, 1957, 67 (1): 19 – 36.

[91] Caillaud B, and Jullien B. Chicken & Egg: Competition among Intermediation Service Providers [J]. RAND Journal of Economics, 2003, 34 (2): 309 – 328.

[92] Capgemini. SEPA: potential benefits at stake [R]. http: //

ec. europa. eu/internal_market/payments/docs/sepa /sepa-capgemini _study-final_report_en. pdf, 2014 – 10 – 27.

［93］ Carlton D W, and Frankel. A S. The antitrust economics of credit card networks ［J］. Antirust Law Journal, 1995 (63): 643 – 668.

［94］ Chakravorti S, and Roson R. Platform Competition in Two-sided Markets: The Case of Payment Networks ［J］. Review of Network Economics, 2006, 5 (1): 118 – 143.

［95］ Chakravorti S. Externalities in Payment Card Networks: Theory and Evidence ［J］. Review of Network Economics, 2010, 9 (2): 1 – 26.

［96］ Chakravorti S. Theory of Credit Card Networks: A Survey of the Literature ［J］. Review of Network Economics, 2003, 2 (2): 50 – 68.

［97］ Choi J P. Tying in Two-sided Markets with Multi-homing ［J］. Journal of Industrial Economics, 2010, 58 (3): 607 – 626.

［98］ CRA International. Regulatory intervention in the payment card industry by RBA: Analysis of the evidence ［R］. 2008.

［99］ De Palma A, Leruth L, and Regibeau P. Partial Compatibility with Network Externalities and Double Purchase ［J］. Information Economics & Policy, 1999, 11 (2): 209 – 227.

［100］ Doganoglu T, and Wright J. Multihoming and Compatibility ［J］. International Journal of Industrial Organization, 2006, 24 (1): 45 – 67.

［101］ Ecnomides N. The Economics of Networks ［J］. International Journal of Industrial Organization, 1996, 14 (6): 673 – 699.

［102］ European Commission. Impact Assessment. Commission Staff Working Document, 2013.

［103］ European Commission Network. Information paper on competition enforcement in the payments sector ［R］. 2012.

［104］ Europe Economics Chancery House. The Economic Impact of IF Regulation ［R］. www. europe-economics. com, 2014.

［105］ Europe Economics. The Economic Impact of Interchange Fee Regulation in the UK ［R］. 2013.

［106］ Evans D S, and Schmalensee R. The Antitrust Analysis of Multi-Sided Platform Businesses. Coase-Sandor Institute for Law & Economics Working Paper, No. 623, 2012.

［107］ Evans D S, and Schmalensee R. The Industrial Organization of Markets with Two-Sided Platforms ［J］. Competition Policy International, 2007, 3 (1): 151 – 179.

［108］ Evans D S. Economics of Vertical Restraints for Multi-sided Platforms. University of Chicago Institute for Law & Economics Oline Research Paper, 2013a, No. 626.

［109］ Evans D S. Governing Bad Behavior By Users of Multi-sided Platforms ［J］. Berkeley Technology Law Journal, 2012, 27 (2): 1201 – 1250.

［110］ Evans D S., Howard Chang, and Steven Joyce. The Impact of the US Debit-card Interchange Fee Regulation on Consumer Welfare. Coase-Sandor Institute for Law and Economics Working Paper, 2013, No. 658.

［111］ Evans D S. How the Proposed Payments Legislation Will Restrain Competition among Payment Card Schemes and Harm Consumers in the European Union. Working Paper, 2014.

［112］ Evans D S. Interchange Fees: The Economics and Regulation of What Merchants Pay for Cards ［M］. Competition Policy International, 2011.

［113］ Evans D S. Some Empirical Aspects of Multi-sided Platform Industries ［J］. Review of Network Economics, 2003, 2 (3): 191 – 209.

［114］ Evans D S. The Antitrust Economics of Two-sided Markets ［R］. AEI-BROOKINGS Joint Center for Regulatory Studies, 2013b.

［115］ Farrell J. Efficiency and Competition between Payment Instruments ［J］. Review of Network Economics, 2006, 5 (1): 26 – 44.

［116］ Finextra. EU Banks Ready to Break Visa/Master Card Duopoly

[EB/OL]. http: //www. finextra. com/News/fullstory. aspx? NewsItemID = 22662, 2011 – 06 – 15.

[117] Gans J S, and King S P. The Neutrality of Interchange Fees in Payment Systems [J]. Topics in Economic Analysis & Policy, 2003, 3 (1): 1069.

[118] Gans J S, and King S P. The Role of Interchange Fees in Credit Card Associations: Competitive Analysis and Regulatory Issues. University of Melbourne Working Paper, 2000.

[119] Ginsburg D H. Comparing Antitrust Enforcement in the United States and Europe [J]. Journal of Competition Law & Economics, 2005, 1 (3): 427 – 439.

[120] Gonçalves R. Policy Challenges in Two-Sided Network Industries [D]. Europe Economics Staff Working Paper, 2003.

[121] Gurkaynak G, Inanılır O, Diniz S, and Yasar A G. Multisided Markets and the Challenge of Incorporating Multisided Considerations into Competition Law Analysis [J]. Journal of Antitrust Enforcement, 2016 (0): 1 – 30.

[122] Guthrie G, and Wright J. Competing Payment Schemes [J]. Journal of Industrial Economics, 2007, 55 (1): 37 – 67.

[123] Hagiu A. Pricing and commitment by two-sided platforms [J]. RAND Journal of Economics, 2006, 37 (3): 720 – 737.

[124] Hagiu A. Two-Sided Platforms: Product Variety and Pricing Structures [J]. Journal of Economics & Management Strategy, 2009, 18 (4): 1011 – 1043.

[125] Hausman J A, Leonard G K, and Tirole J. On Nonexclusive Membership in Competing Joint Ventures [J]. Rand Journal of Economics, 2003, 34 (1): 43 – 62.

[126] Hayashi F. The New Debit Card Regulations: Initial Effects on Networks and Banks. Federal Reserve Bank of Kansas City [J]. Economic Review,

2012, Fourth Quarter.

［127］ Jullien B. Two-sided Markets and Electronic Intermediaries ［J］. Cesifo Economic Studies, 2005, 51 (2 − 3): 233 − 260.

［128］ Kaiser U, and Wright J. Price Structure in Two-sided Markets: Evidence from the magazine industry ［J］. International Journal of Industrial Organization, 2006, 24 (1): 1 − 28.

［129］ Katz M L, and Shapiro C. Network Externalities, Competition and Compatibility ［J］. The American Economic Review, 1985, 75 (3): 424 − 440.

［130］ Katz M L, and Shapiro C. Systems Competition and Network Effects ［J］. Journal of Economic Perspectives, 1994, 8 (2): 93 − 115.

［131］ Lee R S. Vertical Integration and Exclusivity in Platform and Two-Sided Markets ［J］. American Economic Review, 2013, 103 (7): 2960 − 3000.

［132］ Liebowitz S J, and Margolis S E. Network Externality: An Uncommon Tragedy ［J］. The Journal of Economic Perspectives, 1994, 8 (2): 133 − 150.

［133］ Manenti F M, and Somma E. Plastic Clashes: Competition among Closed and Open Payment Systems ［J］. The Manchester School, 2011, 79 (6): 1099 − 1125.

［134］ Muris T J. Payment Card Regulation and the (Mis) application of the Economics of Two-sided Markets ［J］. Columbia Business Law Review, 2006, 2005 (3): 515 − 550.

［135］ Office of Fair Trading. Payment Surcharges ［EB/OL］. http://www. oft. gov. uk/shared_oft/supercomplaints/OFT1349resp. pdf, 2012.

［136］ Panzar J C, and Willig R D. Free Entry and the Sustainability of Natural Monopoly ［J］. Bell Journal of Economics, 1977, 8 (1): 1 − 22.

［137］ Parker G, and Van Alstyne M W. Two-Sided Network Effects: A Theory of Information Product Design ［J］. Management Science, 2005, 51 (10): 1494 − 1504.

［138］ Pindyck R S. Governance, Issuance Restrictions, and Competition

In Payment Card Networks. NBER Working Paper, 2007, No. 13218.

［139］ Poolsombat R, and Vernasca G. Partial Multihoming in Two-sided Markets ［J］. Discussion Papers in Economics, 2006.

［140］ Prager R A, Manuszak M D, Kiser E K, and Borzekowski R. Interchange Fees and Payment Card Networks: Economics, Industry Developments, and Policy Issues ［D］. FEDS Staff Working Paper, 2009 - 23.

［141］ Reserve Bank of Australia and Australian Competition and Consumer Commission. Debit and Credit Card Schemes in Australia: A Study of Interchange Fees and Access ［R］. 2000.

［142］ Reserve Bank of Australia. A Variation to the Surcharging Standards: Final Reforms and Regulation Impact Statement ［EB/OL］. http: // www. rba. gov. au/payments-system/reforms/cards/201206 - var-surchargingstnds-fin-ref-ris/pdf/201206 - var-surcharging-stnds-fin-ref-ris. pdf, 2012.

［143］ Reserve Bank of Australia. Reform of Australia's Payments System: Conclusions of the 2007/08 Review ［R］. 2008b.

［144］ Reserve Bank of Australia. Reform of Australia's Payments System: Preliminary Conclusions of the 2007/08 Review ［R］. 2008a.

［145］ Rochet J-C, and Tirole J. An Economic Analysis of the Determination of Interchange Fees in payment card systems ［J］. Review of Network Economics, 2003a, 2 (2): 69 - 79.

［146］ Rochet J-C, and Tirole J. Cooperation among Competitors: Some Economics of Payment Card Associations ［J］. RAND Journal of Economics, 2002, 33 (4): 549 - 570.

［147］ Rochet J-C, and Tirole J. Defining Two-Sided Markets. IDEI Working Paper, 2004a.

［148］ Rochet J-C, and Tirole J. Externalities and Regulation in Card Payment Systems ［J］. Review of Network Economics, 2006a, 5 (1): 1 - 14.

［149］ Rochet J-C, and Tirole J. Platform Competition in Two-sided Markets [J] . Jounal of the European Economic Association, 2003b, 1 (4): 990 – 1209.

[150] Rochet J-C, and Tirole J. Two-sided Market: an Overview. IDEI Working Paper, 2004b.

[151] Rochet J-C, and Tirole J. Two-Sided Markets: A Progress Report [J]. RAND Journal of Economics, 2006b, 37 (3): 645 – 667.

[152] Rochet, J-C, and Tirole J. Tying in Two-sided Markets and the Honor All Cards Rule [J] . International Journal of Industrial Organization, 2008, 26 (6): 1333 – 1347.

[153] Roson R. Two-sided Markets: A Tentative Survey [J]. Review of Network Economics, 2005, 4 (2): 142 – 160.

[154] Rysman M. An Empirical Analysis of Payment Card Usage [J]. Journal of Industrial Economics, 2007, 55 (1): 1 – 36.

[155] Rysman M. The Economics of Two-Sided Markets [J]. Journal of Economic Perspectives, 2009, 23 (3): 125 – 143.

[156] Schmalensee R. Payment Systems and Interchange fees [J]. Journal of Industrial Economics, 2002, 50 (2): 103 – 122.

[157] Schmiedel H. The Economic Impact of the Single Euro Payments Area. ECB Occasinal Paper Series, 2007, No. 71.

[158] Schwartz M, and Vincent D R. The no surcharge rule and card user rebates: Vertical control by a payment network [J]. Review of Network Economics, 2006, 5 (1): 72 – 102.

[159] Sharkey W W. The Theory of Natural Monopoly [M]. New York: Cambridge University Press, 1982: 4 – 5.

[160] Stillman R, Bishop W, Malcolm K, and Hildebrandt N. Regulatory Intervention in the Payment Card Industry by RBA: Analysis of the Evidence [R]. CRA International, 2008.

[161] Valverde S C, Chakravorti S, and Fernandez F R. Regulating two-

sided markets: An empirical investigation [D]. Federal Reserve Bank of Chicago Working Paper, 2010.

[162] Valverde S C, Chakravorti S, and Fernandez F R. The Role of Interchange Fees in Two-sided Markets: an Empirical Investigation on Payment Cards [J]. The Review of Economics and Statistics, 2016, 98 (2): 367 – 381.

[163] Valverde S C, Zegarra J M L. How Effective Are Rewards Programs in Promoting Payment Card Usage [J]. Journal of Banking & Finance, 2011, 35 (12): 3275 – 3291.

[164] Vasconcelos H. Is Exclusionary Pricing Anticompetitive in Two-sided Markets? [J]. International Journal of Industrial Organization, 2015, 40: 1 – 10.

[165] Verdier M. Interchange Fees in Payment Card Systems: a Survey of the Literature [J]. Journal of Economic Surveys, 2011, 25 (2): 273 – 297.

[166] Weyl E G. A Price Theory of Multi-Sided Platforms [J]. American Economic Review, 2010, 100 (4): 1642 – 1672.

[167] Wright J. One-sided Logic in Two-sided Markets [J]. Review of Network Economics, 2004b, 3 (1): 44 – 64.

[168] Wright J. Optimal Payment Card Systems [J]. European Economic Review, 2003a, 47 (4): 587 – 612.

[169] Wright J. Pricing in Debit and Credit Card Schemes [J]. Economic Letters, 2003b (80): 305 – 309.

[170] Wright J. The Determinants of Optimal Interchange Fees in Payment Systems [J]. Journal of Industrial Economics, 2004a, 52 (1): 1 – 26.

[171] Zywicki T J, Manne G, and Morris J. Price Controls on Payment Card Interchange Fees: The US Experience [J]. International Centre for Law & Economics, 2014.